primeiro como tragédia,
depois como farsa

Restos do World Trade Center após o 11 de Setembro de 2001.

Slavoj Žižek

primeiro como tragédia, depois como farsa

Tradução
Maria Beatriz de Medina

Copyright © Slavoj Žižek, 2009
Copyright © Verso Books, 2009
Copyright da tradução © Boitempo Editorial, 2011
Traduzido do original em inglês: *First as tragedy, then as farce*

Coordenação editorial
Ivana Jinkings

Editora-assistente
Bibiana Leme

Assistência editorial
Carolina Malta e Livia Campos

Tradução
Maria Beatriz de Medina

Preparação
Mariana Echalar

Capa e diagramação
aeroestúdio
sobre a ilustração "Lord of Flies" de Jeannie Phan

Coordenação de produção
Juliana Brandt

Assistência de produção
Livia Viganó

CIP-BRASIL. CATALOGAÇÃO-NA-FONTE
SINDICATO NACIONAL DOS EDITORES DE LIVROS, RJ.

Z72p

Žižek, Slavoj, 1949-
 Primeiro como tragédia, depois como farsa / Slavoj Žižek ; tradução Maria Beatriz de Medina. – São Paulo : Boitempo , 2011.

 Tradução de: First as tragedy, then as farce
 Inclui índice
 ISBN 978-85-7559-174-1

 1. Globalização – Filosofia. 2. Crise financeira global, 2008-2009 – Filosofia. 3. Atentado terrorista de 11 de setembro de 2001. I. Título.

11-2280	CDD: 337
	CDU: 339

É vedada a reprodução de qualquer parte deste livro sem a expressa autorização da editora.

1ª edição: maio de 2011; 6ª reimpressão: fevereiro de 2025

BOITEMPO
Jinkings Editores Associados Ltda.
Rua Pereira Leite, 373
05442-000 São Paulo SP
Tel.: (11) 3875-7250 / 3875-7285
editor@boitempoeditorial.com.br | boitempoeditorial.com.br
blogdaboitempo.com.br | youtube.com/tvboitempo

Sumário

Prefácio à edição brasileira.. 7
Introdução: As lições da primeira década.. 15
1. É a ideologia, estúpido!... 21
   Socialismo capitalista? • A crise como terapia de choque • A estrutura da propaganda inimiga • Humano, demasiado humano... • O "novo espírito" do capitalismo • Entre os dois fetichismos • Comunismo outra vez!

2. A hipótese comunista... 79
   O novo cercamento das áreas comuns • Socialismo ou comunismo? • O "uso público da razão" • ...no Haiti • A exceção capitalista • Capitalismo de valores asiáticos... na Europa • Do lucro à renda • "Nós somos aqueles por quem estávamos esperando"

Índice onomástico... 131

Prefácio à edição brasileira

Dizem que, na China, a maldição que se lança contra alguém que realmente se detesta é: "Que você viva em tempos interessantes!". Em nossa história, "tempos interessantes" são de fato os períodos de agitação, guerra e luta pelo poder, em que milhões de espectadores inocentes sofrem as consequências. Nos países desenvolvidos, estamos claramente nos aproximando de um novo período de tempos interessantes. Depois de décadas (de promessa) de Estado de bem-estar social, em que os cortes financeiros se limitavam a curtos períodos e se apoiavam na promessa de que tudo logo voltaria ao normal, entramos num novo período em que a crise, ou melhor, um tipo de estado de emergência econômica, que necessita de todos os tipos de medidas de austeridade (corte de benefícios, redução dos serviços gratuitos de saúde e educação, empregos cada vez mais temporários etc.), é permanente e está em constante transformação, tornando-se simplesmente um modo de viver. Além disso, as crises ocorrem hoje nos dois extremos da vida econômica, e não mais no núcleo do processo produtivo: ecologia (exterioridade natural) e pura especulação financeira. Por isso, é muito importante evitar a solução simples dada pelo senso comum: "Temos de nos livrar dos especuladores, pôr ordem nisso tudo, e a produção continuará". A lição do capitalismo aqui é que as especulações "irreais" são o real; se as esmagarmos, a realidade da produção sofrerá.

Essas mudanças não podem deixar de abalar a confortável posição subjetiva dos intelectuais radicais. No tratamento psicanalítico, aprendemos a identificar nossos desejos: quero mesmo essa coisa que quero? Vejamos o caso clássico do marido que se envolve numa apaixonada relação extraconjugal e sonha o tempo todo com o momento em que a esposa desaparecerá (morrerá, pedirá divórcio ou seja o que for) para então poder viver por inteiro com a amante; quando isso finalmente acontece, seu mundo desmorona, porque ele descobre que também não quer a amante. Como diz o velho ditado: pior do que não conseguir o que se quer é conseguir. Os acadêmicos esquerdistas estão perto de um desses momentos de verdade: eles queriam mudanças reais? Pois tomem! Em 1937, em *O caminho para Wigan Pier**, George Orwell caracterizou com perfeição essa atitude, ressaltando "o importante fato de que toda opinião revolucionária tira parte de sua força da convicção secreta de que nada pode ser mudado"; os radicais invocam a necessidade de mudança revolucionária como uma espécie de sinal supersticioso que leva ao seu oposto, impedir que a mudança ocorra de fato. Quando a revolução ocorre, deve ser a uma distância segura: Cuba, Nicarágua, Venezuela... de modo que, embora meu coração se anime ao pensar nesses eventos longínquos, eu possa dar continuidade à minha carreira acadêmica.

Essa nova situação não exige absolutamente que abandonemos o trabalho intelectual paciente, sem nenhum "uso prático" imediato: hoje, mais do que nunca, não devemos esquecer que o comunismo começa com o que Kant chamou de "uso público da razão", com o pensamento, com a universalidade igualitária do pensamento. Quando Paulo diz que, do ponto de vista cristão, "não há grego nem judeu, não há homem nem mulher", afirma que raízes étnicas, identidade nacional etc. não são uma categoria da verdade; para usar termos kantianos precisos, quando refletimos sobre nossas raízes étnicas, praticamos o uso privado da razão, restrito por pressupostos dogmáticos contingentes, isto é, agimos como indivíduos "imaturos", não como seres humanos livres que se concentram na dimensão da universalidade da razão. Para Kant, o espaço público da "sociedade civil mundial" designa o paradoxo da singularidade universal, de um sujeito singular que, numa espécie de curto-circuito, contornando a mediação do particular, participa diretamente do Universal. Desse ponto de vista, o "privado" não é a matéria-prima de nossa individualidade oposta aos laços comunitários, mas a própria ordem institucional-comunitária de nossa identificação particular.

A luta, portanto, deveria se concentrar nos aspectos que constituem uma ameaça ao espaço público transnacional. Parte desse impulso global para a privatização do "intelecto geral" é a tendência recente de organizar o ciberespaço para a chamada "computação em nuvem". Há uma década, o computador era uma grande caixa que ficava em cima da mesa, e a transferência de arquivos era feita por meio de discos flexíveis e *pen drives*; hoje, não precisamos mais de computadores individuais potentes, porque a computação em nuvem ocorre na internet, isto é, os programas e as informações são fornecidos sob demanda aos computadores ou celulares inteligentes, na forma de ferramentas ou aplicativos localizados na internet que os usuários podem acessar e utilizar por meio de navegadores, como se fossem programas instalados no computador. Dessa maneira, podemos ter acesso às informações de qualquer parte do mundo onde estivermos, com qualquer computador, e os celulares inteligentes põem esse acesso literalmente em nosso bolso. Já participamos da computação em

---

* São Paulo, Companhia das Letras, 2010. (N. E.)

nuvem quando realizamos buscas e obtemos milhões de resultados numa fração de segundo; o processo de busca é feito por milhares de computadores interligados, que compartilham recursos na nuvem. Do mesmo modo, o Google Books torna disponíveis milhões de livros digitalizados, a qualquer momento, em qualquer lugar do mundo. Sem falar do novo nível de socialização criado pelos celulares inteligentes, que combinam telefone e computador: hoje, um celular desse tipo tem um processador mais potente que um computador de dois anos atrás, além de estar ligado à internet, de modo que não só temos acesso a um volume imenso de dados e programas, mas também podemos trocar instantaneamente mensagens de voz e videoclipes, coordenar decisões coletivas etc.

No entanto, esse maravilhoso mundo novo é apenas um lado da história, e lembra aquelas famosas piadas de médico sobre "primeiro a notícia boa, depois a ruim". Os usuários acessam programas e arquivos guardados muito longe, em salas climatizadas com milhares de computadores ou, segundo um texto de propaganda da computação em nuvem: "Os detalhes são abstraídos dos consumidores, que não têm mais necessidade de conhecer nem controlar a infraestrutura da tecnologia 'na nuvem' que lhes dá suporte". Aqui, duas palavras são reveladoras: *abstração e controle*; para gerenciar a nuvem, é necessário um sistema de monitoração que controle seu funcionamento, e, por definição, esse sistema está escondido do usuário. O paradoxo, portanto, é que, quanto mais o funcionamento do pequeno item (o minúsculo celular inteligente ou portátil) que tenho na mão for personalizado, fácil e "transparente", mais a configuração toda tem de se basear num trabalho realizado em outro lugar, num vasto circuito de máquinas que coordena a experiência do usuário; quanto mais não alienada é essa experiência, mais regulada e controlada por uma rede alienada ela é.

É claro que isso serve para qualquer tecnologia complexa: o usuário não faz ideia de como funciona o televisor com controle remoto; no entanto, aqui o degrau além é que não é só a tecnologia que é controlada, mas também a escolha e a acessibilidade do conteúdo. Ou seja, a formação de "nuvens" vem acompanhada do processo de integração vertical: cada vez mais uma única empresa ou corporação detém todos os níveis do cibermundo, desde o hardware individual (computador, iphone...) e o da "nuvem" (armazenamento dos programas e dados acessíveis) até o software em todas as suas dimensões (programas, material em áudio e vídeo etc.). Portanto, tudo é acessível, mas mediado por uma empresa que possui tudo, software e hardware, dados e computadores. Além de vender iphones e ipads, a Apple é dona do itunes, onde os usuários compram músicas, filmes e jogos. Recentemente, a Apple fez um acordo com Rupert Murdoch para que as notícias da nuvem venham dos meios de comunicação dele. Para resumir, Steve Jobs não é melhor que Bill Gates: em ambos os casos, o acesso global se baseia cada vez mais na privatização quase monopolista da nuvem que oferece o acesso. Quanto mais acesso ao espaço público universal o usuário individual tem, mais esse espaço é privatizado.

Os apologistas apresentam a computação em nuvem como o próximo passo lógico da "evolução natural" do ciberespaço e, embora isso seja verdadeiro em termos abstrato-tecnológicos, não existe nada de "natural" na privatização progressiva do ciberespaço global. Não existe nada de "natural" no fato de que duas ou três empresas, em posição quase monopolista possa determinar os preços a seu bel-prazer, além de filtrar os programas que fornecem, dando a essa "universalidade" nuances específicas que dependem de interesses comerciais e ideológicos. É verdade que a computação em nuvem oferece aos usuários uma riqueza de opções nunca vista antes; mas essa liberdade de escolha não é sustentada pela escolha de um provedor com o qual temos cada vez menos liberdade? Os partidários da abertura gostam de criticar a China por tentar controlar o acesso à internet; mas não estamos cada dia mais parecidos com a China, com nossas funções na "nuvem" mais e mais semelhantes, de certo modo, com o Estado chinês?

Além disso, a transformação do capitalismo global que está em andamento deu início a uma mudança do modo hegemônico de interpelação ideológica. Enquanto na Idade Média o principal aparelho ideológico de Estado era a Igreja (a religião como instituição), a modernidade capitalista impôs a dupla hegemonia da ideologia legal e da educação (sistema escolar estatal): os sujeitos eram interpelados como cidadãos livres e patriotas, sujeitos da ordem legal, enquanto os indivíduos se formavam como sujeitos legais por meio da educação universal compulsória. Assim se mantinha a lacuna entre o burguês e o cidadão, entre o indivíduo utilitário e egoísta, preocupado com seus interesses privados, e o *citoyen* devotado ao domínio universal do Estado; e na medida em que, na percepção ideológica espontânea, a ideologia limita-se à esfera universal da cidadania, e a esfera privada dos interesses egoístas é considerada "pré-ideológica", a própria lacuna entre ideologia e não ideologia é transposta para a ideologia. O que acontece no último estágio do capitalismo "pós-moderno" e pós-68 é que *a própria economia (a lógica do mercado e da concorrência) se impõe cada vez mais como ideologia hegemônica:*

- Na educação, assistimos ao desmantelamento gradual do aparelho ideológico do Estado da escola burguesa clássica: o sistema escolar é cada vez menos uma rede compulsória elevada acima do mercado e organizada diretamente pelo Estado, portadora de valores esclarecidos (*liberté, égalité, fraternité*); em nome da fórmula sagrada de "menor custo, maior eficiência", vem sendo cada vez mais tomado por várias formas de PPP (parceria público-privada).

- Na organização e legitimação do poder, o sistema eleitoral é cada vez mais concebido com base no modelo da concorrência de mercado: as eleições são como uma troca comercial, em que os eleitores "compram" a opção que promete cumprir da maneira mais eficiente a tarefa de manter a ordem social, combater o crime etc. etc. Em nome da mesma fórmula de "menor custo, maior eficiência", até algumas funções que deveriam ser de domínio exclusivo do poder de Estado (como a administração das penitenciárias) podem ser privatizadas; o Exército não se baseia mais na conscrição universal e compõe-se de mercenários contratados etc. Até a burocracia do Estado não é mais percebida como a classe universal hegeliana, como é cada vez mais evidente no caso de Berlusconi. O que torna o primeiro-ministro italiano tão interessante como fenômeno político é o fato de que, como político mais poderoso do país, ele age de forma cada vez mais desavergonhada: além de ignorar ou neutralizar politicamente as investigações jurídicas a respeito das atividades criminosas que promovem seus interesses comerciais particulares, Berlusconi também solapa de modo sistemático a dignidade básica do chefe de Estado. A dignidade da política clássica baseia-se em sua elevação acima do jogo de interesses particulares da sociedade civil: a política é "alienada" da sociedade civil, apresenta-se como esfera ideal do *citoyen*, em contraste com o conflito de interesses egoístas que caracteriza o *bourgeois*. Berlusconi aboliu essa alienação: na Itália atual, o poder estatal é exercido diretamente pelo *bourgeois* vil que, de forma declarada e impiedosa, explora o poder estatal para proteger seus interesses econômicos.

- Até o processo de envolvimento em relações emocionais ocorre cada vez mais segundo a linha das relações de mercado. Alain Badiou[1] utilizou o paralelo entre a busca de parceiro sexual (ou conjugal) por intermédio de agências matrimoniais apropriadas e o antigo procedimento de casamentos pré-arranjados pelos pais: em ambos os casos, o risco propriamente dito de "cair de amores" é suspenso, não há nenhuma "queda" contingente propriamente dita, o risco do real "encontro de amor" é minimizado pela combinação anterior, que leva em conta todos os interesses materiais e psicológicos das partes envolvidas. Robert Epstein[2] levou a ideia à sua conclusão lógica ao lhe dar a contrapartida que faltava: uma vez que você escolheu o parceiro apropriado, como conseguir que vocês se amem de fato? Com base no estudo dos casamentos arranjados, Epstein desenvolveu "procedimentos de construção do afeto": pode-se "construir o amor de modo deliberado e escolher com quem fazer isso"... Procedimentos desse tipo baseiam-se na automercadorização: nas agências de matrimônios ou encontros pela internet, cada possível parceiro se apresenta como mercadoria, mostrando fotos e listando qualidades.

---

[1] Ver Alain Badiou, *Éloge de l'amour* (Paris, Flammarion, 2009), p. 15.
[2] Ver o relatório "Love by Choice", *Hindustan Times*, 3 jan. 2010, p. 11.

E, de forma bastante lógica, na medida em que a economia seja considerada a esfera da não ideologia, esse admirável mundo novo de mercadorização global se considera pós-ideológico. É claro que o aparelho ideológico de Estado ainda existe, e mais do que nunca; entretanto, como vimos, uma vez que, em sua autopercepção, a ideologia se localize em sujeitos, em contraste com os indivíduos pré-ideológicos, essa hegemonia da esfera econômica só pode parecer ausência de ideologia. Isso não significa que a ideologia apenas reflita diretamente a economia como sua base real; continuamos totalmente dentro da esfera do aparelho ideológico de Estado, a economia funciona aqui como modelo ideológico, de modo que temos toda a razão em dizer que a economia funciona aqui como aparelho ideológico de Estado – ao contrário da vida econômica "real", que definitivamente não segue o modelo idealizado do mercado liberal.

Essa naturalização (ou autoemenda) total da ideologia impõe uma conclusão triste mas inevitável sobre a dinâmica social global: hoje, o capitalismo é que é propriamente revolucionário; ele mudou toda a nossa paisagem nas últimas décadas, da tecnologia à ideologia, enquanto os conservadores, assim como os sociais-democratas, na maioria dos casos reagem desesperados a essas mudanças, tentando manter antigas conquistas. Numa constelação como essa, a própria ideia de transformação social radical parece um sonho impossível; contudo, a palavra "impossível" deveria nos fazer parar para pensar. Hoje, possível e impossível distribuem-se de modo estranho, e ambos explodem ao mesmo tempo num excesso. De um lado, no domínio das liberdades pessoais e da tecnologia científica, o impossível é cada vez mais possível (ou assim nos dizem): "nada é impossível", podemos praticar todas as versões pervertidas de sexo, há arquivos inteiros de música, cinema e séries de TV a nossa disposição, ir ao espaço está ao alcance de todos (que tenham dinheiro...), temos a possibilidade de melhorar nossa capacidade física e psíquica, de manipular nossas propriedades básicas com intervenções no genoma, até o sonho tecnognóstico de alcançar a imortalidade por meio da transformação de toda a nossa identidade num programa que pode ser transferido de um equipamento a outro... De outro lado, principalmente no domínio das relações socioeconômicas, nossa época se percebe como uma época de maturidade, em que, com o colapso dos Estados comunistas, a humanidade abandonou os antigos sonhos utópicos milenaristas e aceitou as restrições da realidade (leia-se: a realidade socioeconômica capitalista) com todas as suas impossibilidades: VOCÊ NÃO PODE... participar de grandes atos coletivos (que acabam necessariamente em terror totalitário), agarrar-se ao antigo Estado de bem-estar social (torna as pessoas pouco competitivas e leva à crise econômica), isolar-se do mercado global etc. etc. (Em sua versão ideológica, a ecologia também acrescenta sua lista de impossibilidades, os assim chamados "valores de patamar" – máximo de aquecimento global de 2 °C etc. –, com base em "opiniões de especialistas"[3].) A razão disso é que vivemos numa época pós--política de naturalização da economia: em regra, as decisões políticas são apresentadas como questões de pura necessidade econômica; quando medidas de austeridade se impõem, dizem-nos vezes sem fim que isso é simplesmente o que deve ser feito.

É crucial fazer aqui uma distinção clara entre duas impossibilidades: o real impossível do antagonismo social e a impossibilidade em que se concentra o campo ideológico predominante. Aqui, a impossibilidade é redobrada, serve de máscara de si mesma, isto é, a função ideológica da segunda impossibilidade é obscurecer o real da primeira impossibilidade. Hoje, a ideologia dominante pretende nos fazer aceitar a "impossibilidade" da mudança radical, da abolição do capitalismo, da democracia não restrita ao jogo parlamentar etc., para tornar invisível o impossível/real do antagonismo que transcende as sociedades capitalistas. Esse real é impossível no sentido de que é o impossível da ordem social existente, ou seja, seu antagonismo constitutivo – que, entretanto, de modo algum implica que não se possa tratar diretamente com esse real/impossível e transformá-lo radicalmente num ato "maluco", que muda as coordenadas "transcendentais" básicas de um campo social. É por isso que, como explica Zupančič, a fórmula de Lacan de superação de uma impossibilidade ideológica não é "tudo é possível", e sim "o impossível acontece". O real/impossível lacaniano não é uma limitação a priori que deveria ser levada em conta de modo realista, mas o domínio do ato, de intervenções que podem mudar suas coordenadas: o ato é mais que uma intervenção no domínio do possível; o ato muda as próprias coordenadas do que é possível e, portanto, cria retroativamente suas próprias condições de possibilidade. É por isso o comunismo também diz respeito ao Real: agir como comunista significa intervir no real do antagonismo básico que subjaz ao capitalismo global de hoje.

Talvez a caracterização mais sucinta da época que começa com a Primeira Guerra Mundial seja a famosa frase atribuída a Gramsci: "O velho mundo está morrendo, e o novo mundo luta para nascer: agora é o tempo dos monstros". O fascismo e o stalinismo não seriam os monstros gêmeos do século XX que nasceram, num caso, do esforço desesperado do velho mundo para sobreviver e, no outro, do esforço abastardado de construir o mundo novo? E os monstros que geramos agora, impelidos pelos sonhos tecnognósticos de uma sociedade com população biogeneticamente controlada? Devemos tirar todas as consequências desse paradoxo: talvez não haja passagem direta para o novo, pelo menos não da maneira que imaginamos, e os monstros surjam necessariamente em qualquer tentativa de forçar essa passagem.

Nossa situação, portanto, é diametralmente oposta à dificuldade clássica do século XX, quando sabíamos o que tínhamos e o que queríamos fazer (estabelecer a ditadura do proletariado etc.), mas precisávamos esperar com paciência o momento

---

[3] Devo essa ideia a Alenka Zupančič.

certo em que a oportunidade se ofereceria. Agora, não sabemos o que temos de fazer, mas temos de agir, porque as consequências de não agir podem ser catastróficas. Vamos ter de nos arriscar no abismo do novo em situações totalmente inadequadas; vamos ter de reinventar aspectos do novo só para manter o que era bom no velho (educação, assistência médica...). O jornal em que Gramsci publicou seus textos no início da década de 1920 chamava-se *L'Ordine Nuovo* [A nova ordem], título que depois foi totalmente apropriado pela extrema-direita. Em vez de ver nessa apropriação posterior a "verdade" do uso de Gramsci e abandonar a expressão por ser contrária à liberdade rebelde da esquerda autêntica, deveríamos retomá-la como sinal do difícil problema de definir a nova ordem que a revolução deveria gerar depois de seu sucesso. Em resumo, nossa época é como o que disse Stalin – quem senão ele – a respeito da bomba atômica: não é para quem tem nervos fracos.

Hoje, o comunismo não é o nome da solução, mas o nome do *problema*: o problema do que é *comum* em todas as suas dimensões – o comum da natureza como substância de vida, o comum da biogenética, o comum cultural ("propriedade intelectual") e, por último, mas nem por isso menos importante, o problema imediato do comum como espaço universal de humanidade, do qual ninguém deveria ser excluído. Seja qual for a solução, ela terá de resolver *esse* problema.

abril de 2011

Introdução
As lições da primeira década

A intenção do título deste livro é ser para o leitor um teste de QI elementar: se a primeira associação que lhe vier à cabeça for o clichê anticomunista usual ("Tem razão; depois da tragédia do totalitarismo no século XX, todo esse papo de volta ao comunismo só pode ser farsa!"), então eu o aconselho sinceramente a parar por aqui. Na verdade, este livro deveria ser arrancado à força de sua mão, já que trata de uma tragédia e de uma farsa totalmente diferentes, ou seja, dos dois eventos que marcaram o começo e o fim da primeira década do século XXI: os ataques de 11 de setembro de 2001 e a crise financeira de 2008.

Devemos notar a semelhança de linguagem dos discursos do presidente Bush ao povo norte-americano depois do 11 de Setembro com aqueles proferidos depois do colapso financeiro: pareciam duas versões da mesma fala. Em ambas, Bush evocou a ameaça ao estilo de vida norte-americano e a necessidade de tomar providências rápidas e decisivas para enfrentar o perigo. Em ambas, clamou pela suspensão parcial dos valores norte-americanos (garantia de liberdade individual, capitalismo de mercado) para salvar esses mesmos valores. De onde vem essa semelhança?

Marx começou *O 18 de brumário* corrigindo a ideia de Hegel de que a história necessariamente se repete: "Em alguma passagem de suas obras, Hegel comenta que todos os grandes fatos e todos os grandes personagens da história mundial são encenados, por assim dizer, duas vezes. Ele se esqueceu de acrescentar: a primeira vez como tragédia, a segunda como farsa"[1]. Esse acréscimo à noção de repetição histórica de Hegel era uma figura de retórica que havia anos perseguia Marx: está em *Contribuição à crítica da filosofia do direito de Hegel*, em que ele diagnostica a decadência do *ancien*

---

[1] Karl Marx, "The Eighteenth Brumaire of Louis Bonaparte", em *Surveys from exile* (org. e intr. David Fernbach, Harmondsworth, Penguin, 1973), p. 146. [Ed. bras.: *O 18 de brumário de Luís Bonaparte*, São Paulo, Boitempo, 2011, p. 25.]

régime alemão nas décadas de 1830 e 1840 como repetição farsesca da queda trágica do *ancien régime* francês:

> Para as nações modernas, é instrutivo assistir ao *ancien régime*, que nelas viveu sua tragédia, desempenhar uma *comédia* como fantasma alemão. *Trágica* foi sua história, porque ele era o poder pré-existente do mundo, ao passo que a liberdade, ao contrário, era uma fantasia pessoal; numa palavra, porque ele mesmo acreditou em sua legitimidade e nela tinha de acreditar. Na medida em que o *ancien régime*, como ordem do mundo existente, lutou contra um mundo que estava então a emergir, ocorreu de sua parte um erro histórico-mundial, mas não um erro pessoal. Seu declínio foi, por isso, trágico.
> Em contrapartida, o atual regime alemão, que é um anacronismo, uma flagrante contradição de axiomas universalmente aceitos – a nulidade do *ancien régime* exposta ao mundo – imagina apenas acreditar em si mesmo e exige do mundo a mesma imaginação. Se acreditasse na sua própria essência, tentaria ele ocultá-la sob a *aparência* de uma essência estranha e buscar sua salvação na hipocrisia e no sofismo? O moderno *ancien régime* é apenas o *comediante* de uma ordem mundial cujos *heróis reais* estão mortos. A história é sólida e passa por muitas fases ao conduzir uma forma antiga ao sepulcro. A última fase de uma forma histórico-mundial é sua *comédia*. Os deuses da Grécia, já mortalmente feridos na tragédia *Prometeu acorrentado*, de Ésquilo, tiveram de morrer uma vez mais, comicamente, nos diálogos de Luciano. Por que a história assume tal curso? A fim de que a humanidade se separe *alegremente* do seu passado. É esse *alegre* destino histórico que reivindicamos para os poderes políticos da Alemanha.[2]

Observemos a caracterização precisa do *ancien régime* alemão como aquele que "apenas imagina que ainda acredita em si mesmo". Podemos até especular sobre o significado do fato de Kierkegaard ter desenvolvido, no mesmo período, a ideia de que nós seres humanos não conseguimos nem sequer ter certeza do que acreditamos – em última análise, apenas "acreditamos que acreditamos". A fórmula de um regime que "apenas imagina que acredita em si mesmo" capta muito bem a anulação do poder performativo ("eficiência simbólica") da ideologia dominante; de fato, ela não serve mais de estrutura fundamental do laço social. E hoje, podemos perguntar, não estamos na mesma situação? Os pregadores e praticantes da democracia liberal nos dias atuais também não "imaginam que acreditam em si mesmos", em seus pronunciamentos? Na verdade, seria mais apropriado descrever o cinismo contemporâneo como representação da inversão exata da fórmula de Marx: hoje, apenas imaginamos que *não* "acreditamos de verdade" em nossa ideologia; apesar dessa distância imaginária, continuamos a praticá-la. Acreditamos bem mais do que imaginamos acreditar, e não

---

[2] Karl Marx, "A Contribution to the Critique of Hegel's Philosophy of Right", em *Early Writings* (intr. Lucio Colletti, Harmondsworth, Penguin, 1975), p. 247-8. [Ed. bras.: São Paulo, Boitempo, 2005.]

bem menos. Benjamin, portanto, foi mesmo profético ao observar que "tudo depende de como se acredita na crença que se tem"[3].

Doze anos antes do 11 de Setembro, em 9 de novembro de 1989, o Muro de Berlim caiu. Esse evento parecia anunciar o início dos "felizes anos 90", a utopia do "fim da história" de Francis Fukuyama, a crença de que a democracia liberal, em princípio, vencera, de que o surgimento de uma comunidade liberal global estava logo ali na esquina e os obstáculos a esse final feliz hollywoodiano eram apenas empíricos e contingentes (bolsões localizados de resistência cujos líderes ainda não haviam entendido que seu tempo acabara). Por sua vez, o 11 de Setembro simbolizou o fim do período clintonista e anunciou uma época em que vimos novos muros surgir por toda parte: entre Israel e Cisjordânia, em torno da União Europeia, na fronteira entre Estados Unidos e México e até no interior de Estados-nações.

Num artigo para a revista *Newsweek*, Emily Flynn Vencat e Ginanne Brownell relatam como hoje em dia

> o fenômeno do "só para sócios" está explodindo num novo estilo de vida que abrange tudo, desde relações bancárias privativas até clínicas que só aceitam pacientes convidados [...] cada vez mais, aqueles que têm dinheiro trancam sua vida a sete chaves. Em vez de comparecer a eventos com grande cobertura midiática, contratam espetáculos, desfiles de moda e exposições particulares de arte em casa. Compram fora do horário comercial e mandam investigar a classe social e o patrimônio de vizinhos (e possíveis amigos).

Portanto, uma nova classe global vem surgindo, "com, digamos, passaporte indiano, castelo na Escócia, apartamento em Manhattan e ilha particular no Caribe". O paradoxo é que os membros dessa classe global "jantam privativamente, compram privativamente, veem obras de arte privativamente, tudo é privativo, privativo, privativo". Criam assim um mundo-vida só seu para resolver um problema hermenêutico angustiante; como explica Todd Millay, "as famílias ricas não podem apenas 'convidar os outros e esperar que entendam o que é ter 300 milhões de dólares'". Então, quais *são* seus contatos com o mundo em geral? São de dois tipos: negócios e filantropia (proteger o meio ambiente, combater doenças, apoiar as artes etc.). Esses cidadãos globais vivem em geral na natureza mais pura, seja caminhando na Patagônia, seja nadando nas águas translúcidas de ilhas particulares. Não podemos deixar de notar que a característica básica da atitude desses super-ricos trancafiados é o *medo*: medo da própria vida social externa. Portanto, a maior prioridade dos "indivíduos de altíssimo patrimônio líquido" é minimizar os riscos à sua segurança (doenças, exposição a crimes violentos etc.)[4].

---

[3] Walter Benjamin, *Gesammelte Briefe* (Frankfurt, Suhrkamp, 1995), v. 1, p. 182.
[4] Emily Flynn Vencat e Ginanne Brownell, "Ah, the Secluded Life", *Newsweek*, 10 dez. 2007.

Na China contemporânea, os novos-ricos construíram comunidades isoladas de acordo com o modelo idealizado de uma cidade ocidental "típica"; perto de Xangai, por exemplo, há uma réplica "real" de uma cidadezinha inglesa, com uma rua principal, *pubs*, uma igreja anglicana, um supermercado Sainsbury etc.; a área toda é isolada das cercanias por uma redoma invisível, mas nem por isso menos real. Não há mais hierarquia de grupos sociais dentro da mesma nação: os moradores dessa cidade vivem num universo em que, em seu imaginário ideológico, o mundo circundante da "classe baixa" simplesmente *não existe*. Os "cidadãos globais" dessas áreas isoladas não seriam o verdadeiro contraponto dos que moram em favelas e outras "manchas brancas" ou "lacunas" da esfera pública? Na verdade, eles são os dois lados da mesma moeda, os dois extremos da nova divisão de classes. A cidade que melhor personifica essa divisão é São Paulo, no Brasil de Lula, que ostenta 250 helipontos em sua área central. Para evitar o perigo de se misturar com gente comum, os ricos de São Paulo preferem utilizar helicópteros, de modo que, olhando para o céu da cidade, temos realmente a impressão de estar numa megalópole futurista do tipo que se vê em filmes como *Blade Runner* ou *O quinto elemento*: as pessoas comuns enxameando as perigosas ruas lá embaixo e os ricos flutuando num nível mais alto, no céu.

Parece, portanto, que a utopia de Fukuyama sobre os anos 1990 teve de morrer duas vezes, já que o colapso da utopia política democrático-liberal do 11 de Setembro não afetou a utopia econômica do capitalismo de mercado global. Se a crise financeira de 2008 teve um significado histórico, só pode ter sido o sinal do fim da face econômica do sonho de Fukuyama. O que nos leva de volta à paráfrase de Marx sobre Hegel. É preciso lembrar que, na introdução de uma edição da década de 1960 de *O 18 de brumário*, Herbert Marcuse deu mais uma volta no parafuso: às vezes, a repetição disfarçada de farsa pode ser mais aterrorizante do que a tragédia original*.

Este livro toma a crise em curso como ponto de partida e passa gradualmente para "assuntos correlatos" com o objetivo de revelar suas condições e consequências. O primeiro capítulo faz um diagnóstico de nossa difícil situação e delineia o âmago utópico da ideologia capitalista que determinou tanto a própria crise quanto nossa percepção e reação a ela. O segundo capítulo busca localizar aspectos dessa situação que abrem espaço para novas formas de práxis comunista.

O que este livro oferece não é uma análise neutra, mas sim engajada e extremamente "parcial" – pois *a verdade é parcial*, só acessível quando se adota um dos lados, mas nem por isso menos universal. O lado que se adota aqui, claro, é o do comunismo. Adorno inicia *Three Studies on Hegel* [Três estudos sobre Hegel]**

---

* Herbert Marcuse, em Karl Marx, *O 18 brumário de Luís Bonaparte* (São Paulo, Boitempo, 2011), p. 9. (N. E.)
** Cambridge, MIT Press, 1994. (N. E.)

refutando a questão tradicional a respeito de Hegel, exemplificada pelo título do livro de Benedetto Croce: *O que é vivo e o que é morto na filosofia de Hegel?**. Essa pergunta pressupõe, por parte do autor, a adoção da posição arrogante de juiz do passado; porém, quando se trata de um filósofo realmente grande, a verdadeira pergunta não é o que ele ainda pode nos dizer, o que ainda pode significar para nós, mas o oposto, isto é, o que *nós* somos, o que nossa situação contemporânea pode ser para *ele*, como nossa época aparece aos olhos *dele*. O mesmo se aplica ao comunismo; ao invés de fazer a pergunta óbvia, "A ideia de comunismo ainda é pertinente, ainda pode ser usada como ferramenta de análise e prática política?", devemos perguntar o oposto: "Como fica, hoje, nossa difícil situação do ponto de vista da ideia comunista?". Aí reside a dialética do velho e do novo: os que propõem a criação constante de novos termos para compreender o que acontece hoje ("sociedade pós-moderna", "sociedade de risco", "sociedade informacional", "sociedade pós-industrial" etc.) deixam de ver os contornos do que realmente é novo. A única maneira de compreender a verdadeira novidade do novo é analisar o mundo pela lente do que era "eterno" no velho. Se o comunismo é mesmo uma ideia "eterna", então serve de "universalidade concreta" hegeliana: é eterna não no sentido de uma série de características universais e abstratas que podem ser aplicadas em toda parte, mas no sentido de que deve ser reinventada a cada nova situação histórica.

Nos bons tempos do socialismo real, uma piada comum entre os dissidentes servia para ilustrar a inutilidade de seus protestos. No século XV, com a Rússia sob ocupação dos mongóis, um camponês e a esposa caminham por uma estrada poeirenta do interior; um guerreiro mongol a cavalo para ao lado deles e diz ao camponês que vai estuprar sua mulher, acrescentando: "Mas, como o chão está muito cheio de pó, segure meus testículos enquanto estupro sua mulher, para que não se sujem". Depois que o mongol faz o que quer e vai embora, o camponês começa a rir e pular de alegria. Surpresa, a mulher pergunta: "Por que está pulando de alegria se acabei de ser violentamente estuprada na sua frente?". E o camponês responde: "Ah, mas eu o enganei! O saco dele está todo sujo de pó!". Essa piada triste revela a situação dos dissidentes: pensavam que estavam desferindo duros golpes na *nomenklatura* do partido, mas só conseguiam sujar levemente os testículos; enquanto isso, a elite dominante continuava a estuprar o povo...

A esquerda crítica não está em posição parecida hoje? (Entre as expressões contemporâneas que sujam de leve os que estão no poder, podemos citar "desconstrução" ou "proteção das liberdades individuais".) Em 1936, num famoso confronto na Universidade de Salamanca, Miguel de Unamuno caçoou dos franquistas: "*Venceréis, pero no convenceréis*". Isso é tudo que a esquerda de hoje pode dizer ao triunfante

---

* Coimbra, Imprensa da Universidade, 1933. (N. E.)

capitalismo global? A esquerda está predestinada a representar o papel daqueles que, ao contrário, convencem, mas perdem mesmo assim (e são especialmente convincentes para explicar retroativamente as razões de seu fracasso)? Nossa tarefa é descobrir como dar um passo adiante. Nossa 11ª tese deveria ser: em nossas sociedades, até agora os esquerdistas críticos só conseguiram sujar os que estão no poder, enquanto a verdadeira questão é castrá-los...

Mas como fazer isso? Aqui, temos de aprender com os fracassos da política da esquerda no século XX. A tarefa não é fazer a castração no clímax do confronto direto, mas solapar os que estão no poder com um trabalho crítico-ideológico paciente, de modo que, embora ainda estejam no poder, percebamos de repente que os poderes constituídos foram afetados por uma voz aguda e antinatural. Na década de 1960, Lacan batizou de *Scilicet* o periódico efêmero e irregular da escola; a mensagem não era o significado hoje predominante da palavra ("ou seja", "por assim dizer", "isto é"), mas literalmente "é permitido saber". (Saber o quê? O que a escola freudiana de Paris pensa sobre o inconsciente...) Hoje, nossa mensagem deveria ser a mesma: é permitido saber e engajar-se totalmente com o comunismo, agindo mais uma vez com toda fidelidade à ideia comunista. A permissividade liberal é da ordem do *videlicet*: é permitido *ver*, mas o próprio fascínio pela obscenidade que temos permissão de observar nos impede de *saber o que é que vemos*.

Moral da história: a época da chantagem moralista democrático-liberal acabou. Nosso lado não tem mais de ficar pedindo desculpas; e é bom que o outro lado comece logo a pedi-las.

1.
É A IDEOLOGIA, ESTÚPIDO!

Socialismo capitalista?

A única coisa realmente surpreendente na crise financeira de 2008 foi a facilidade com que se aceitou a ideia de ter sido um fato imprevisível que, do nada, atingiu os mercados. Recordemos as manifestações que, durante toda a primeira década do novo milênio, acompanharam regularmente as reuniões do FMI e do Banco Mundial: as queixas dos manifestantes abrangiam não só os temas de sempre contra a globalização (a exploração crescente dos países do Terceiro Mundo etc.), mas também o modo como os bancos criavam a ilusão de crescimento brincando com dinheiro de ficção e como tudo isso acabaria em desastre. Não foram só economistas como Paul Krugman e Joseph Stiglitz que alertaram para os perigos que nos esperavam e mostraram que os que prometiam crescimento contínuo na verdade não compreendiam o que acontecia bem debaixo de seu nariz. Em 2004, tantas pessoas fizeram manifestações em Washington contra o perigo de um colapso financeiro que a polícia teve de mobilizar mais 8 mil agentes locais e convocar outros 6 mil de Maryland e da Virgínia. O que se viu em seguida foi gás lacrimogêneo, cassetetes e prisões em massa, tantas que a polícia teve de usar ônibus para o transporte. A mensagem foi alta e clara, e a polícia foi usada literalmente para sufocar a verdade.

Depois desse esforço contínuo de ignorância obstinada, não admira que, quando a crise finalmente explodiu, "ninguém [soubesse] direito o que fazer", como disse um dos participantes. E a razão disso é que as expectativas fazem parte do jogo: o modo como o mercado reage depende não só de quanta gente confia nessa ou naquela intervenção, mas sobretudo até que ponto essa gente acha que *os outros* confiarão; não se pode levar em conta o efeito da própria escolha. Muito tempo atrás, John Maynard Keynes explicou muito bem essa autorreferencialidade ao comparar o mercado de ações com uma competição tola em que os participantes têm de escolher várias garotas bonitas em uma centena de fotografias, sendo que ganha quem escolher as moças mais próximas da média das opiniões:

> Não é o caso de escolher aquelas que, na melhor avaliação de cada um, são realmente as mais bonitas ou aquelas que a média das opiniões acha legitimamente mais bonitas. Alcançamos um terceiro grau, em que dedicamos nossa inteligência a prever o que a média das opiniões espera que seja a média das opiniões.[1]

Assim, somos forçados a escolher sem ter à disposição o conhecimento que permitiria uma escolha habilitada ou, como explica John Gray: "Somos forçados a viver como se fôssemos livres"[2].

No auge da crise, Joseph Stiglitz escreveu que, apesar do consenso cada vez maior entre os economistas de que nenhuma medida de salvamento baseada no plano de Henry Paulson, secretário do Tesouro americano, funcionaria,

> é impraticável para os políticos não fazer nada numa crise dessas. Assim, talvez tenhamos de rezar para que um acordo elaborado com uma mistura tóxica de interesses especiais, medidas econômicas mal direcionadas e ideologias de direita que produziram a crise possa, sabe-se lá como, levar a um plano de salvamento que funcione ou cujo fracasso não provoque danos excessivos.[3]

Ele está certo, pois os mercados se baseiam de fato em crenças (até mesmo crenças sobre as crenças dos outros); assim, quando os meios de comunicação se preocupam com o modo "como o mercado reagirá" às medidas de salvamento, trata-se não apenas das consequências reais, mas da *crença* dos mercados na eficácia do plano. É por isso que essas medidas podem funcionar mesmo se estiverem economicamente erradas[4].

Aqui, a pressão para "fazer alguma coisa" é como a compulsão supersticiosa a fazer um gesto qualquer quando estamos diante de um processo sobre o qual não temos influência real. Nossos atos não costumam ser assim? A velha frase "não fique aí falando, faça alguma coisa!" é uma das coisas mais estúpidas que se pode dizer, mesmo

---

[1] John Maynard Keynes, *The General Theory of Employment, Interest and Money* (Nova York, Management Laboratory Press, 2009), cap. 12. [Ed. bras.: *Teoria geral do emprego, do juro e da moeda*, São Paulo, Nova Cultural, 1996.]

[2] John Gray, *Straw Dogs* (Nova York, Farrar Straus and Giroux, 2007), p. 110. [Ed. bras.: *Cachorros de palha*, Rio de Janeiro, Record, 2005.]

[3] Joseph Stiglitz, "The Bush Administration May Rescue Wall Street, but What About the Economy?", *The Guardian*, 30 set. 2008. [Disponível em: <http://www.guardian.co.uk/commentisfree/2008/sep/30/marketturmoil.wallstreet>.]

[4] No entanto, já que vivem nos dizendo que a confiança e a crença são fundamentais, devemos perguntar até que ponto o fato de o governo, em pânico, ter aumentado seu envolvimento não provocou o mesmo perigo que tentava combater.

para o baixo padrão do senso comum. O problema talvez seja, então, que temos feito demais, intervindo na natureza, destruindo o meio ambiente etc... Talvez esteja na hora de dar um passo para trás, pensar e *dizer* a coisa certa. É verdade que costumamos falar em vez de fazer, mas às vezes também fazemos coisas para não ter de falar e pensar sobre elas. Como despejar 700 bilhões de dólares num problema em vez de refletir no porquê de ele ter surgido.

Sem dúvida, há material suficiente na confusão atual para nos fazer pensar. Em 15 de julho de 2008, o senador republicano Jim Bunning atacou Ben Bernanke, presidente do Federal Reserve (Fed), afirmando que sua proposta mostrava que "o socialismo está vivo e bem de saúde nos Estados Unidos": "Agora o Fed quer ser o regulador do risco sistêmico. Mas o Fed é o risco sistêmico. Dar mais poder ao Fed é como dar um bastão maior ao garoto que quebrou a nossa janela jogando beisebol na rua, achando que isso vai resolver o problema"[5]. Em 23 de setembro, ele atacou de novo, chamando de "não americano" o plano do Tesouro para o maior resgate financeiro desde a Grande Depressão:

> Alguém precisa assumir esses prejuízos. Podemos deixar que quem tomou as decisões erradas sofra as consequências de seus atos ou podemos espalhar esse sofrimento entre todos. E é exatamente isso que o secretário propõe: pegar o sofrimento de Wall Street e espalhá-lo pelos contribuintes... Esse resgate maciço não é a solução; isso é socialismo financeiro, e é não americano.

Bunning foi o primeiro a traçar publicamente os contornos do raciocínio por trás da revolta do Partido Republicano contra o plano de salvamento – cujo clímax foi a rejeição da proposta do Fed em 29 de setembro. Esse argumento merece um olhar mais atento. Observemos que a resistência republicana ao plano de salvamento foi formulada em termos de "guerra de classes": Wall Street contra o povo das ruas. Por que deveríamos ajudar os que estão em "Wall Street" e são responsáveis pela crise pedindo aos hipotecados, o povo das ruas, que paguem o pato? Esse não seria um caso óbvio do que a teoria econômica chama de "risco moral", definido como "o risco de que alguém se comporte de maneira imoral porque a seguradora, a lei ou outra instância qualquer o protegerá dos prejuízos que seu comportamento possa causar" – se tenho seguro contra incêndio, tomo menos cuidado (ou, *in extremis*, ponho fogo nas instalações que cobri com o seguro, mas que me dão prejuízo)? O mesmo vale para os grandes bancos: não estariam protegidos contra grandes perdas e não seriam capazes de manter o lucro? Não admira que Michael Moore tenha escrito uma carta aberta acusando o plano de salvamento de ser o roubo do século.

---

[5] Ver Edward Harrison, "Senator Bunning Blasts Bernanke at Senate Hearing". Disponível em: <http://www.creditwritedowns.com>.

É essa superposição inesperada da visão da esquerda com a dos republicanos conservadores que deveria nos fazer parar para pensar. O que os dois pontos de vista têm em comum é o desprezo pelos grandes especuladores e executivos de empresas que lucram com decisões arriscadas mas estão protegidos do fracasso por "paraquedas dourados". Recordemos a piada cruel de *Ser ou não ser*, [filme] de [Ernst] Lubitsch: quando lhe perguntam sobre os campos de concentração alemães na Polônia ocupada, o oficial nazista responsável, "Campo de Concentração Ehrhardt", responde: "Fazemos a concentração, e os poloneses, o campo". O mesmo não se aplicaria ao escândalo da falência da Enron, em janeiro de 2002, que pode ser interpretada como uma espécie de comentário irônico à noção de sociedade de risco? Milhares de funcionários que perderam emprego e poupança estavam expostos a riscos, sem dúvida, mas nesse caso sem capacidade real de escolha; o risco surgiu como destino. Ao contrário, os que realmente tinham noção dos riscos envolvidos, além de poder para intervir (ou seja, os altos executivos), minimizaram seus riscos vendendo ações e opções antes da falência. É bem verdade que vivemos numa sociedade de escolhas arriscadas, mas apenas alguns têm a escolha, enquanto os outros ficam com o risco...

Então, o plano de salvamento seria mesmo uma medida "socialista", o nascimento do socialismo de Estado nos Estados Unidos? Se for, é de um tipo muito peculiar: uma medida "socialista" cuja meta primária não é ajudar os pobres, mas os ricos, não os que pedem emprestado, mas os que emprestam. Numa suprema ironia, "socializar" o sistema bancário é aceitável quando serve para salvar o capitalismo. O socialismo é ruim, a não ser quando serve para estabilizar o capitalismo. (Observemos a simetria com a China de hoje: do mesmo modo, os comunistas chineses usam o capitalismo para impingir seu regime "socialista".)

Mas e se o "risco moral" estiver embutido na própria estrutura do capitalismo? Ou seja, *não há como separar os dois*: no sistema capitalista, o bem-estar social das ruas depende da prosperidade de Wall Street. Assim, enquanto os populistas republicanos que resistem ao salvamento fazem a coisa errada pelas razões certas, quem propõe o salvamento faz a coisa certa pelas razões erradas. Para usar termos mais sofisticados, a relação é intransitiva: embora o que é bom para Wall Street não seja necessariamente bom para o povo das ruas, o povo das ruas não pode prosperar quando Wall Street cai doente, e essa assimetria dá a Wall Street uma vantagem *a priori*.

Recordemos o conhecido argumento do "pinga-pinga" contra a redistribuição igualitária (por meio de altos níveis de tributação progressiva etc.): em vez de tornar os pobres mais ricos, a redistribuição torna os ricos mais pobres. Longe de ser simplesmente anti-intervencionista, essa atitude mostra na verdade uma percepção muito exata da intervenção econômica do Estado: embora todos queiramos que os pobres fiquem mais ricos, é contraproducente ajudá-los diretamente, porque eles não são o elemento dinâmico e produtivo da sociedade. O único tipo necessário de intervenção é o que ajuda os ricos a ficar mais ricos; desse modo, os lucros se espalharão automaticamente, por si sós, entre os pobres... Hoje, esse argumento virou a crença de que, se investirmos dinheiro suficiente em Wall Street, ele acabará pingando no povo das ruas e ajudará os trabalhadores comuns e os proprietários de imóveis. Assim, mais uma vez, se quisermos que todos tenham dinheiro para construir sua casa, não devemos dar dinheiro diretamente a eles, mas àqueles que, por sua vez, lhes emprestarão os recursos. Seguindo a lógica, essa é a única maneira de criar uma prosperidade genuína; do contrário, o Estado estaria apenas distribuindo fundos entre os necessitados à custa dos verdadeiros criadores de riqueza.

Em consequência, os que pregam a necessidade de abandonar a especulação financeira e voltar à "economia real", produzindo bens para satisfazer as necessidades das pessoas reais, não percebem o verdadeiro propósito do capitalismo: impulsionar e aumentar a circulação financeira por ela mesma é sua única dimensão do Real, em contraste com a realidade da produção. Essa ambiguidade ficou visível na crise recente, quando fomos bombardeados por apelos ao retorno à "economia real" e lembrados ao mesmo tempo de que a circulação financeira, o sistema financeiro sólido, é o fluido vital de nossa economia. Que estranho fluido vital é esse que não faz parte da "economia real"? A "economia real" seria um cadáver sem sangue? O *slogan* populista "salvem o povo das ruas, não Wall Street!" é totalmente enganoso, uma forma de ideologia em seu grau mais puro, porque passa por cima do fato de que, no capitalismo, o que sustenta o povo das ruas *é* Wall Street! Sem *ela*, o povo das ruas se afogará no pânico e na inflação. Logo, Guy Sorman, ideólogo exemplar do capitalismo contemporâneo, está certo quando afirma: "Não há nenhuma razão econômica para distinguir 'capitalismo virtual' de 'capitalismo real': nunca se produziu nada real que não fosse financiado antes [...] mesmo numa época de crise financeira, o benefício global do novo mercado financeiro superou seus custos"[6].

Embora as crises e os desastres financeiros sejam lembretes óbvios de que a circulação de capital não é um circuito fechado que pode se sustentar por conta própria – que pressupõe uma realidade ausente na qual os bens reais que satisfazem as necessidades das pessoas são produzidos e vendidos –, sua lição mais sutil é que não podemos retornar a essa realidade, apesar de toda a retórica do "vamos sair do espaço virtual da especulação financeira e voltar às pessoas de verdade, que produzem e consomem". O paradoxo do capitalismo é que não se pode jogar fora a água suja da especulação financeira e preservar o bebê saudável da economia real.

---

[6] Guy Sorman, "Behold, our Familiar Cast of Characters", *The Wall Street Journal*, 20 e 21 jul. 2001 (edição europeia).

É muito fácil desconsiderar essa linha de raciocínio como uma defesa hipócrita dos ricos. O problema é que, na medida em que permanecemos numa ordem capitalista, *há verdade nela*, isto é, dar um pontapé em Wall Street realmente *vai* atingir os trabalhadores comuns. É por essa razão que os democratas que apoiaram o plano de salvamento não foram incoerentes com sua orientação esquerdista. Só teriam sido incoerentes se aceitassem a premissa dos populistas republicanos de que o capitalismo (verdadeiro, autêntico) e a economia de livre mercado estão ligados à classe popular trabalhadora, enquanto a intervenção do Estado é uma estratégia da elite para explorar as pessoas comuns e trabalhadoras. Sendo assim, "capitalismo *versus* socialismo" torna-se "trabalhadores comuns *versus* camadas da classe alta".

Mas não há nada de novo na forte intervenção do Estado no sistema bancário ou na economia em geral. A própria crise recente é resultado dessa intervenção: em 2001, quando estourou a bolha das [empresas] ".com" (que exprimia a própria essência do problema da "propriedade intelectual"), decidiu-se facilitar o crédito a fim de redirecionar o crescimento para os imóveis. (Desse ponto de vista, portanto, a principal causa da crise de 2008 foi o impasse em torno da propriedade intelectual.) Se ampliarmos nosso horizonte para abranger a realidade global, notaremos que as decisões políticas estão entremeadas no próprio tecido das relações econômicas internacionais. Há cerca de dois anos, uma reportagem da CNN sobre o Mali descreveu a realidade do "livre mercado" internacional. Os dois pilares da economia malinesa são o algodão, no Sul, e a criação de gado, no Norte, e ambos enfrentam problemas devidos ao modo como as potências ocidentais violam as próprias regras que tentam impor aos países pobres do Terceiro Mundo. O Mali produz algodão de excelente qualidade, mas o problema é que o subsídio que o governo norte-americano dá a seus próprios produtores de algodão equivale a mais do que todo o orçamento do Estado malinês, portanto não surpreende que não seja competitivo. No norte, a culpada é a União Europeia: a carne malinesa não consegue concorrer com a carne e o leite altamente subsidiados da Europa. A União Europeia subsidia cada vaca com cerca de 500 euros por ano, mais do que o PIB *per capita* do Mali. Como explicou o ministro da Economia: nós não precisamos de ajuda, conselhos ou palestras sobre os efeitos benéficos do fim da regulamentação excessiva do Estado; basta que vocês cumpram suas próprias regras de livre mercado e nossos problemas acabarão... Onde estão os defensores republicanos do livre mercado? O colapso do Mali mostra a realidade do que significa, para os Estados Unidos, pôr o "país em primeiro lugar".

Tudo isso indica claramente que não há mercado neutro: em cada situação específica, as configurações do mercado são sempre reguladas pelas decisões políticas. O verdadeiro dilema, portanto, não é "o Estado deveria intervir?", mas "que tipo de intervenção estatal é necessário?". Essa é uma questão de política real, ou seja, uma luta para definir as coordenadas "apolíticas" básicas de nossa vida. De certo modo, todas as questões políticas são apartidárias; têm a ver com a pergunta: "O que *é* nosso país?".

Assim, o debate sobre o plano de salvamento é *verdadeira* política, na medida em que diz respeito às decisões sobre as características fundamentais de nossa vida social e econômica e, nesse processo, mobiliza os fantasmas da luta de classes. Não há posição "objetiva" especializada à espera simplesmente de ser aplicada; é preciso apenas tomar posição de um lado ou de outro, politicamente.

Existe a possibilidade real de que a principal vítima da crise em andamento não seja o capitalismo, mas a própria esquerda, na medida em que sua incapacidade de apresentar uma alternativa global viável tornou-se novamente visível a todos. Foi a esquerda que de fato se enredou. Foi como se os acontecimentos recentes tivessem sido encenados com risco calculado para demonstrar que, mesmo numa época de crise destrutiva, não há alternativa viável ao capitalismo. "*Thamzing*" é uma palavra tibetana da época da Revolução Cultural com reverberações agourentas para os liberais: significa "sessão de luta", uma audiência pública coletiva e crítica de um indivíduo que é interrogado de modo agressivo para provocar, por meio da confissão de seus erros e de uma autocrítica constante, sua reeducação política. Quem sabe a esquerda de hoje esteja precisando de uma longa sessão de *thamzing*?

Immanuel Kant não contrapôs a injunção "não obedeça, pense!" ao lema conservador "não pense, obedeça!", mas sim a "obedeça, mas pense!". Quando ficamos paralisados diante de fatos como o plano de salvamento, devemos ter em mente que, já que se trata de uma forma de chantagem, não devemos ceder à tentação populista de pôr nossa raiva para fora e, assim, nos ferir. No lugar desse gesto impotente, devemos controlar a fúria e transformá-la em fria determinação de pensar – pensar sobre a situação de maneira realmente radical e nos perguntar que tipo de sociedade é essa que possibilita tal chantagem.

A crise como terapia de choque

A crise financeira seria um momento de sobriedade, o despertar de um sonho? Tudo depende de como ela será simbolizada, de qual interpretação ou história ideológica se imporá e determinará a percepção geral da crise. Quando o curso normal das coisas é interrompido de forma traumática, abre-se campo para uma competição ideológica "discursiva" – como aconteceu, por exemplo, na Alemanha no início da década de 1930, quando, invocando a conspiração judaica, Hitler triunfou na competição de qual narrativa melhor explicava as causas da crise da República de Weimar e oferecia a melhor saída para escapar da crise. Do mesmo modo, na França de 1940, a narrativa do marechal Pétain é que venceu a luta para explicar as razões da derrota do país. Portanto, todas as ingênuas esperanças da esquerda de que a crise financeira e econômica atual abra necessariamente espaço para a esquerda radical são, sem dúvida, perigosamente míopes. O efeito imediato primário da crise não será a ascensão de uma política emancipatória radical, mas a ascensão do populismo racista, de mais guerras, do aumento da pobreza nos países mais pobres do Terceiro Mundo e de uma divisão maior entre ricos e pobres em todas as sociedades.

Embora as crises realmente sacudam o povo para fora de sua complacência, forçando-o a questionar os aspectos fundamentais da vida, a primeira reação, a mais espontânea, é o pânico, o que leva ao "retorno ao básico": as premissas básicas da ideologia dominante, longe de ser questionadas, são reafirmadas com ainda mais violência. O perigo, portanto, é que a crise atual seja usada de modo análogo ao que Naomi Klein chamou de "doutrina do choque". Há de fato algo de surpreendente nas reações predominantemente hostis ao livro mais recente de Klein: são muito mais violentas do que poderíamos esperar; até os benevolentes liberais de esquerda, que simpatizam com algumas de suas análises, lamentam que "a vociferação lhe obscureça o raciocínio", como disse Will Hutton em resenha no *Observer*. É óbvio que Klein tocou algum nervo sensível com sua tese principal:

> A história do livre mercado contemporâneo foi escrita em choques. Algumas das violações mais infames dos direitos humanos nos últimos 35 anos, que tenderam a ser consideradas atos sádicos realizados por regimes antidemocráticos, na verdade foram cometidas com a intenção deliberada de aterrorizar o público ou atrelá-lo ativamente para preparar o terreno para a imposição de reformas livre-mercadistas radicais.[7]

Essa tese é desenvolvida por meio de uma série de análises concretas, das quais uma das mais importantes é a guerra do Iraque: o ataque norte-americano foi sustentado pela ideia de que, depois da estratégia militar de "choque e pavor", o Iraque poderia ser transformado no paraíso do livre mercado, o país e o povo estariam tão traumatizados que não se oporiam... A imposição total da economia de mercado se torna muito mais fácil quando o caminho é preparado por algum tipo de trauma (natural, militar, econômico), que, por assim dizer, force as pessoas a abrir mão dos "velhos hábitos" e as transforme em tábulas rasas ideológicas, sobreviventes de sua própria morte simbólica, prontas a aceitar a nova ordem, já que todos os obstáculos foram eliminados. E, sem dúvida nenhuma, a doutrina de choque de Klein também serve para as questões ecológicas: longe de ameaçar o capitalismo, uma catástrofe ambiental generalizada pode muito bem revigorá-lo, abrindo espaços novos e inauditos para o investimento capitalista.

A crise econômica também será usada como "choque", criando condições ideológicas para promover a terapia liberal? A necessidade dessa terapia de choque nasce no âmago *utópico* (e com frequência negligenciado) da teoria econômica neoliberal.

---

[7] Naomi Klein, *The Shock Doctrine: the Rise of Disaster Capitalism* (Londres, Penguin, 2007), p. iii. [Ed. bras.: *A doutrina do choque*, Rio de Janeiro, Nova Fronteira, 2008.]

A maneira como os fundamentalistas do mercado reagem ao resultado destrutivo da implementação de suas receitas é típica de "totalitários" utópicos: atribuem todo fracasso às concessões dos que puseram seus planos em prática (ainda havia demasiada intervenção do Estado etc.) e simplesmente exigem uma implementação ainda mais radical de suas doutrinas.

Consequentemente, para usar termos marxistas antiquados, a tarefa central da ideologia dominante na crise atual é impor uma narrativa que atribua a culpa do desastre não ao sistema capitalista global *como tal*, mas a desvios secundários e contingentes (regulamentação jurídica excessivamente permissiva, corrupção das grandes instituições financeiras etc.). Do mesmo modo como, na época do socialismo real, os ideólogos pró-socialistas tentaram salvar a ideia de socialismo afirmando que o fracasso das "democracias populares" vinha do fracasso de uma versão não autêntica de socialismo e não da ideia como tal, de modo que os regimes socialistas reais precisavam de reformas radicais e não de ruína e abolição. Não sem ironia, observamos que os ideólogos que zombaram dessa defesa crítica do socialismo, chamando-a de ilusória, e insistiram na necessidade de lançar a culpa na própria ideia, agora recorrem amplamente à mesma linha de defesa: afinal, não é o capitalismo como tal que está falido, apenas a sua prática é que foi distorcida...

Contra essa tendência, é preciso insistir na questão principal: que "falha" do sistema *como tal* permite essas crises e colapsos? Aqui, a primeira coisa que devemos ter em mente é que a origem da crise é "benévola": como observamos, depois da explosão da bolha das ".com", a decisão, tomada de forma bipartidária, foi facilitar o investimento em imóveis para manter a economia em movimento e impedir a recessão; portanto, a crise de hoje é simplesmente o preço das medidas tomadas nos Estados Unidos para evitar a recessão alguns anos antes. O perigo então é que a narrativa predominante da crise seja aquela que, em vez de nos despertar de um sonho, nos permita *continuar sonhando*. E é aí que devemos começar a nos preocupar não só com as consequências econômicas da crise, como também com a tentação óbvia de revigorar a "guerra ao terror" e o intervencionismo norte-americano para manter funcionando o motor da economia, ou no mínimo usar a crise para impor mais medidas duras de "ajuste estrutural".

Um caso exemplar da maneira como o colapso econômico já está sendo usado na luta político-ideológica é a discussão sobre o que fazer com a General Motors: o Estado deveria ou não permitir sua falência? Como a GM é uma daquelas instituições que representam o sonho americano, sua falência era impensável durante muito tempo. Entretanto, agora um número de vozes cada vez maior refere-se à crise como aquele empurrãozinho que deveria nos fazer aceitar o impensável. Uma coluna do *New York Times* intitulada "Imaginemos a falência da GM" começa de maneira agourenta: "Enquanto a General Motors luta para ter dinheiro no próximo ano, a possibilidade antes impensável de concordata parece muito mais, digamos, pensável"[8]. Depois de uma série de argumentos previsíveis (concordata não significa perda automática de empregos, apenas uma reestruturação para tornar a empresa mais leve e ágil, mais adaptada às difíceis condições da economia de hoje, e assim por diante etc.), a coluna põe os pingos nos is no final, concentrando-se no impasse "entre a GM e os operários sindicalizados e aposentados": "A concordata permitiria à GM *rejeitar unilateralmente os acordos coletivos*, desde que com a aprovação de um juiz". Em outras palavras, a concordata seria usada para dobrar um dos últimos sindicatos fortes dos Estados Unidos, diminuindo o salário de milhares de operários e a aposentadoria de milhares de outros. Observemos novamente o contraste com a necessidade urgente de salvar os grandes bancos: no caso da GM, em que está em jogo a sobrevivência de dezenas de milhares de trabalhadores na ativa e aposentados, é claro que não se trata de emergência, mas, ao contrário, uma oportunidade de permitir que o livre mercado funcione com força bruta. Como se fossem os sindicatos, e não as falhas na estratégia de administração, os culpados pelos problemas da GM! É assim que o impossível se torna possível: o que até então era impensável no horizonte dos padrões estabelecidos de condições de trabalho decentes hoje se torna aceitável.

Em *A miséria da filosofia*, Marx escreveu que a ideologia burguesa gosta de historicizar: todas as formas sociais, religiosas e culturais são históricas, contingentes e relativas; todas, exceto a dela. *Houve* história no passado, mas agora não há mais história nenhuma:

> Os economistas têm um método peculiar de proceder. Para eles, só há dois tipos de instituição: as artificiais e as naturais. As instituições do feudalismo são artificiais, as da burguesia são naturais. Nisso, eles lembram os teólogos, que estabelecem, da mesma forma, dois tipos de religião. Todas as que não sejam a deles são invenções dos homens, enquanto a deles emana de Deus. Quando os economistas dizem que as relações atuais – as relações de produção burguesas – são naturais, insinuam que são essas as relações em que a riqueza se cria e as forças produtivas se desenvolvem em conformidade com as leis da natureza. Essas relações são em si leis naturais que independem da influência do tempo. São leis eternas que devem sempre governar a sociedade. Houve história, portanto, mas não há mais. Houve história, porque havia as instituições do feudalismo, e nessas instituições do feudalismo encontramos relações de produção bem diferentes daquelas da sociedade burguesa, que os economistas tentam apresentar como naturais e, como tais, eternas.[9]

---

[8] "Imagining a G.M. bankruptcy", *New York Times*, 2 dez. 2008 ("DealBook", seção Business).
[9] Karl Marx, *The Poverty of Philosophy* (Moscou, Progress Publishers, 1955), cap. 2: "Seventh and last observation". [Ed. bras.: *A miséria da filosofia*, São Paulo, Expressão Popular, 2009.] Não encontramos reflexos da mesma posição no historicismo discursivo "antiessencialista" de hoje (de Ernesto Laclau a Judith Butler), que vê qualquer entidade ideológico-social como produto de uma luta discursiva contingente pela hegemonia? Como já observou Fredric Jameson, o historicismo universalizado tem

Substitua "feudalismo" por "socialismo" e exatamente o mesmo se aplica aos defensores do capitalismo democrático-liberal de hoje.

Não admira que na França prospere o debate sobre os limites da ideologia liberal – não pela longa tradição estadista que desconfia do liberalismo, mas porque a distância que os franceses mantêm da linha anglo-saxã predominante permite não só uma postura crítica, como também uma percepção mais clara da estrutura ideológica básica do liberalismo. Quem busca uma versão clinicamente pura e destilada da ideologia capitalista contemporânea deve recorrer a Guy Sorman. O próprio título da entrevista que concedeu recentemente na Argentina – "Esta crise será bastante curta"[10] – mostra que Sorman cumpre a exigência básica que a ideologia liberal tem de satisfazer em relação à crise financeira, ou seja, renormalizar a situação: "As coisas talvez pareçam difíceis, mas a crise será curta, simplesmente faz parte do ciclo normal de destruição criativa por meio do qual o capitalismo progride". Ou, como explicou o próprio Sorman em outro texto, "a destruição criativa é o motor do crescimento econômico": "Essa substituição incessante do velho pelo novo – impulsionada pela inovação técnica e pelo empreendedorismo, ele mesmo estimulado por boas políticas econômicas – traz prosperidade, apesar de os desalojados pelo processo, aqueles cujos empregos se tornaram inúteis, fazerem objeção, como é compreensível"[11]. (É claro que essa renormalização coexiste com seu oposto, o pânico provocado pelas autoridades para dar um choque no público em geral – "os próprios alicerces de nosso estilo de vida estão ameaçados!" –, preparando-o, portanto, para aceitar como inevitável a solução proposta, obviamente injusta.) A premissa de Sorman é que, nas últimas décadas (mais precisamente, desde a queda do socialismo, em 1990), a economia finalmente se tornou uma ciência totalmente testada: numa situação quase de laboratório, um mesmo país foi dividido em dois (Alemanha Ocidental e Oriental, Coreia do Sul e do Norte) e cada parte foi submetida a um sistema econômico oposto, com resultados não ambíguos.

Mas a economia é mesmo uma ciência? Embora Sorman admita que o mercado seja cheio de reações e comportamentos irracionais, sua receita não é nem a psicologia, mas a "neuroeconomia":

---

um estranho sabor anistórico: quando aceitamos por completo e praticamos a contingência radical de nossas identidades, toda tensão histórica autêntica se esvai de algum modo nos jogos performativos e intermináveis do presente eterno. Há uma ótima ironia autorreferente aqui: só há história na medida em que persistem resíduos de essencialismo "anistórico". É por isso que os antiessencialistas radicais têm de mobilizar todo o seu talento desconstrutivo-hermenêutico para detectar vestígios ocultos de "essencialismo" no que parece ser uma "sociedade de risco" de contingências pós-moderna; se admitissem que já vivemos numa sociedade "antiessencialista", teriam de enfrentar a questão verdadeiramente difícil do caráter histórico do próprio historicismo radical que hoje predomina, isto é, enfrentar a questão desse historicismo como forma ideológica do capitalismo global "pós-moderno".

[10] "Esta crisis será bastante breve", *Perfil*, Buenos Aires, 2 nov. 2008, p. 38-43.
[11] Essa e todas as demais citações desta seção são de Guy Sorman, "Economics Does Not Lie", *City Journal*, verão de 2008. Disponível em: <http://www.city-journal.org>.

os atores econômicos tendem a se comportar de modo racional e irracional. Estudos em laboratório demonstraram que uma parte de nosso cérebro é responsável por muitas de nossas decisões de curto prazo economicamente erradas, enquanto outra é responsável por decisões que fazem sentido em termos econômicos, em geral de visão mais ampla. Assim como nos protege da assimetria de Akerlof, proibindo negociações baseadas em informações privilegiadas, o Estado também deveria nos proteger de nossos impulsos irracionais?

É claro que Sorman logo acrescenta:

> seria absurdo usar a economia comportamental para justificar o restabelecimento da regulamentação estatal excessiva. Afinal de contas, o Estado não é mais racional do que os indivíduos, e suas ações podem ter consequências extremamente destrutivas. A neuroeconomia deveria nos encorajar a tornar o mercado mais transparente, e não mais regulado.

Com essa alegre regra dupla de ciência econômica e neuroeconomia, termina a era dos sonhos ideológicos mascarados de ciência – como em Marx, cuja obra "pode ser descrita como uma reescritura materialista da Bíblia. Com a presença de todos, e o proletariado no papel de Messias. O pensamento ideológico do século XIX é, sem debate, uma teologia materializada". Mas, ainda que o marxismo esteja morto, o imperador nu continua a nos perseguir com roupas novas, das quais a principal é o ecologismo:

> Mais do que desordeiros comuns, os verdes são os sacerdotes de uma nova religião que põe a natureza acima da humanidade. O movimento ecológico não é um belo *lobby* de paz e amor, mas uma força revolucionária. Como muitas religiões modernas, os males identificados por ele são ostensivamente condenados com base no conhecimento científico: aquecimento global, extinção das espécies, perda da biodiversidade, ervas superdaninhas. Na verdade, todas essas ameaças são criação da imaginação dos verdes. Eles pegam emprestado o vocabulário da ciência, mas não aproveitam sua racionalidade. O método não é novo; Marx e Engels também fingiram fundar sua visão de mundo na ciência da época, o darwinismo.

Sorman, por conseguinte, aceita a afirmação de seu amigo José María Aznar de que o movimento ecológico é o "comunismo do século XXI":

> É certo que o ecologismo é uma recriação do comunismo, [a forma d]o anticapitalismo real... No entanto, sua outra metade é composta de um quarto de utopia pagã, de culto à natureza, muito mais antigo do que o marxismo, por isso o ecologismo é tão forte na Alemanha, com sua tradição pagã e naturalista. Portanto, o ecologismo é um movimento anticristão: a natureza tem precedência sobre o homem. O último quarto é racional: existem problemas verdadeiros para os quais há soluções técnicas.

Observemos a expressão "solução técnica": problemas racionais têm soluções técnicas. (Mais uma vez, uma afirmação redondamente enganada: para enfrentar os problemas ecológicos é necessário fazer escolhas e tomar decisões – o que produzir, o que consumir, com que energia contar –, que, em última análise, dizem respeito ao próprio estilo de vida de um povo; como tais, além de não serem técnicas, são eminentemente políticas, no sentido mais radical de envolver escolhas sociais fundamentais.) Não admira então que o próprio capitalismo seja apresentado em termos técnicos, nem mesmo como ciência, mas apenas como algo que funciona: não precisa de justificativa ideológica porque seu sucesso, por si só, já é justificativa suficiente. Nesse aspecto, o capitalismo "é o oposto do socialismo, que vem com manual": "O capitalismo é um sistema que não tem pretensões filosóficas, não está em busca da felicidade. A única coisa que diz é: 'Ora, isso funciona'. E, para quem quer viver melhor, é preferível usar esse mecanismo, porque funciona. O único critério é a eficiência".

É claro que essa descrição anti-ideológica é claramente falsa: a própria noção de capitalismo como mecanismo social neutro é pura ideologia (e até ideologia utópica). Ainda assim, o momento de verdade dessa descrição é que, como explicou Alain Badiou, o capitalismo não é uma civilização por si só, com um modo específico de dar sentido à vida. O capitalismo é a primeira ordem socioeconômica que *destotaliza o significado*: não é global no nível do significado (não há "visão de mundo capitalista" global nem "civilização capitalista" propriamente dita; a lição fundamental da globalização é justamente que o capitalismo pode se acomodar a todas as civilizações, da cristã à hindu ou à budista). A dimensão global do capitalismo só pode ser formulada no nível da verdade-sem-significado, como o "Real" do mecanismo global de mercado. O problema aqui não é, como afirma Sorman, que a realidade seja sempre imperfeita e as pessoas precisem sempre alimentar sonhos de perfeição impossível. O problema é de significado, e é aqui que a religião reinventa seu papel, redescobre sua missão de garantir uma vida com sentido para os que participam do funcionamento sem sentido da máquina capitalista. É por isso que a descrição da dificuldade fundamental da ideologia capitalista feita por Sorman é tão despropositada:

> Do ponto de vista político e intelectual, a grande dificuldade na administração de um sistema capitalista é que ele não é fonte de sonhos: ninguém vai às ruas manifestar-se a seu favor. O capitalismo é uma economia que mudou completamente a condição humana, que salvou a humanidade da miséria, mas ninguém está disposto a se converter em mártir desse sistema. Deveríamos aprender a lidar com esse paradoxo de um sistema que ninguém quer, e que ninguém quer porque não dá origem ao amor, não é encantador, não é sedutor.

Mais uma vez, essa descrição é uma inverdade patente: o sistema que mais encantou seus sujeitos com sonhos (de liberdade, de que o sucesso só depende de nós, do golpe de sorte que está ali na esquina, dos prazeres sem limites...) foi o capitalismo.

O verdadeiro problema é outro, ou seja, como manter a fé do povo no capitalismo quando a realidade inexorável da crise esmagou com violência esses sonhos? Aqui entra a necessidade de um pragmatismo realista "maduro": é preciso resistir heroicamente aos sonhos de perfeição e felicidade e aceitar a amarga realidade capitalista como o melhor (ou o menos ruim) dos mundos possíveis. É necessária certa acomodação, uma combinação de combate às expectativas utópicas ilusórias com segurança suficiente para o povo aceitar o sistema. Sorman não é, portanto, nenhum extremista ou fundamentalista do livre mercado; conta com orgulho que alguns seguidores ortodoxos de Milton Friedman o acusaram de ser comunista por causa de seu apoio (moderado) ao Estado de bem-estar social.

> Não há contradição entre o Estado e o liberalismo econômico; ao contrário, há uma aliança complexa entre os dois. Acho que a sociedade liberal precisa do Estado de bem-estar social, primeiro com relação à legitimidade intelectual: o povo aceitará a aventura capitalista se houver um mínimo indispensável de segurança social. Acima disso, num nível mais mecânico, se quisermos que a criatividade destrutiva do capitalismo funcione, é preciso administrá-la.

Raras vezes a função da ideologia foi descrita em termos tão claros: defender o sistema existente contra qualquer crítica séria, legitimando-o como expressão direta da natureza humana:

> Uma tarefa essencial dos governos democráticos e dos formadores de opinião quando confrontados com os ciclos econômicos e a pressão política é garantir e proteger o sistema que serviu tão bem à humanidade, e não mudá-lo para pior tendo como pretexto sua imperfeição. [...] Ainda assim, essa é, sem dúvida, uma das lições mais difíceis de traduzir numa linguagem que a opinião pública aceite. O melhor de todos os sistemas econômicos possíveis é mesmo imperfeito. Sejam quais forem as verdades reveladas pela ciência econômica, o livre mercado é, afinal, apenas o reflexo da natureza humana, dificilmente aperfeiçoável.

A estrutura da propaganda inimiga

Essa legitimação ideológica também exemplifica com perfeição a fórmula precisa de Badiou para o paradoxo básico da propaganda inimiga: ela combate algo do qual não tem consciência, algo para o qual é estruturalmente cega – não as verdadeiras forças contrárias (adversários políticos), mas a *possibilidade* (o potencial emancipatório-revolucionário utópico) imanente à situação:

> O objetivo de qualquer propaganda inimiga não é aniquilar uma força existente (em geral, essa função é deixada para as forças policiais), mas aniquilar uma *possibilidade despercebida*

da situação. Essa possibilidade passa despercebida também para os que fazem a propaganda, pois suas características têm de ser imanentes à situação e, ao mesmo tempo, não aparecer nela.[12]

É por isso que, por definição, a propaganda inimiga contra a política emancipatória radical é cínica, não no sentido simples de não acreditar em suas próprias palavras, mas num nível muito mais básico: ela é cínica exatamente na medida em que acredita *de fato* em suas próprias palavras, já que sua mensagem é a convicção resignada de que o mundo em que vivemos, ainda que não seja o melhor dos mundos possíveis, é o menos ruim, de modo que qualquer mudança radical só pode piorar a situação. (Como sempre acontece com propagandas eficazes, essa normalização pode ser facilmente combinada com seu oposto, lendo-se a crise econômica em termos religiosos; Bento XVI, sempre astuto quando se trata de manobras oportunistas, não demorou a capitalizar a crise financeira: "Isso prova que tudo é vaidade e que só a palavra de Deus se sustenta!".) Portanto, não deveria causar surpresa que a crise financeira de 2008 também levasse Jacques-Alain Miller a intervir, de maneira tão "construtiva", para impedir o pânico:

> O significante monetário é de aparência, baseia-se em convenções sociais. O universo financeiro é uma arquitetura feita de ficções e sua pedra fundamental é o que Lacan chamou de "sujeito suposto saber", saber por que e como. Quem representa esse papel? O concerto de autoridades, de onde às vezes uma voz se destaca, Alan Greenspan, por exemplo, em sua época. Os atores financeiros baseiam seu comportamento nisso. A unidade fictícia e hiper-reflexiva sustenta-se na "crença" nas autoridades, isto é, na transferência para o sujeito suposto saber. Se esse sujeito tropeça, há uma crise, um desmoronar dos alicerces, o que, naturalmente, envolve efeitos de pânico. Entretanto, o sujeito financeiro suposto saber já estava bastante subjugado devido à desregulamentação. E isso aconteceu porque o mundo financeiro acreditou em si mesmo, em sua ilusão apaixonada, que seria capaz de resolver tudo sem a função do sujeito suposto saber. Em primeiro lugar, o patrimônio imobiliário se torna lixo. Em segundo lugar, a merda aos poucos penetra tudo. Em terceiro lugar, há uma gigantesca transferência negativa diante das autoridades: o choque do plano Paulson-Bernanke enfurece o público: a crise é de confiança, e durará até que o sujeito suposto saber seja reconstruído. Isso acontecerá a longo prazo por meio de um novo conjunto de acordos de Bretton Woods, um conselho obrigado a dizer a verdade sobre a verdade.[13]

Aqui, a referência de Miller é Alan Greenspan, *o* "sujeito suposto saber" apartidário do longo período de crescimento econômico desde a era Reagan até a recente *débâcle*. Em 23 de outubro de 2008, quando foi submetido a uma arguição no Congresso

---

[12] Alain Badiou, seminário sobre Platão na École Normale Supérieure, em 13 de fevereiro de 2008 (não publicado).
[13] Jacques-Alain Miller, "The Financial Crisis". Disponível em: <http://www.lacan.com>.

norte-americano, Greenspan reconheceu certos pontos interessantes em resposta aos críticos que afirmavam que ele havia encorajado a bolha imobiliária mantendo juros baixos demais por tempo demais e não havia reprimido o crescimento explosivo dos empréstimos com garantias arriscadas e muitas vezes fraudulentas[14]. Este é o ponto alto da arguição, quando o deputado Henry A. Waxman, da Califórnia, presidente do Comitê de Supervisão, interveio:

> Vou interromper o senhor. A pergunta que tenho a lhe fazer é... O senhor tinha uma ideologia. Esta declaração é sua: "Tenho de fato uma ideologia. Minha avaliação é que o mercado livre e competitivo é, de longe, uma maneira sem rival de organização das economias. Tentamos as regulamentações, nenhuma funcionou de maneira significativa". É uma citação sua. O senhor teve autoridade para impedir as práticas irresponsáveis de empréstimos que levaram à crise das hipotecas *subprime*[15]. O senhor foi aconselhado a agir nesse sentido por muitos outros. E agora toda a nossa economia está pagando por isso. O senhor acha que a sua ideologia o levou a tomar decisões que preferiria não ter tomado?[16]

Greenspan respondeu: "Encontrei uma falha no modelo que eu via como a estrutura crítica de funcionamento que define como o mundo funciona.". Em outras palavras, Greenspan admitiu que, quando o mercado financeiro foi inundado por um "*tsunami* de crédito que só ocorre uma vez a cada século", a ideologia de não regulamentação do livre mercado mostrou-se falha. Mais tarde, Greenspan reiterou sua "incredulidade chocada" de que as empresas financeiras não haviam mantido "vigilância" suficiente sobre seus parceiros comerciais para evitar a onda de prejuízos: "Aqueles que zelam pelo interesse das instituições de empréstimo a fim de proteger o patrimônio dos acionistas, inclusive eu, ficaram num estado de incredulidade chocada".

Essa última declaração revela mais do que parece à primeira vista: indica que o erro de Greenspan foi esperar que o autointeresse esclarecido das instituições de empréstimo as levasse a agir de modo mais responsável, mais ético, de modo a evitar os breves ciclos autoimpelidos de especulação desenfreada, que, mais cedo ou mais tarde, estouram como bolhas. Em outras palavras, seu erro não dizia respeito aos fatos, dados e mecanismos econômicos objetivos, mas às atitudes éticas provocadas pela especulação de mercado, em particular à premissa de que os processos de mercado

---

[14] Ver Elizabeth Olson, "Greenspan Under Fire". Disponível em: <http://www.portfolio.com>.
[15] Termo cunhado pelos meios de comunicação durante a crise de crédito de 2007 para se referir às instituições financeiras que dão crédito a tomadores considerados "*subprime*" ["abaixo do ótimo"], também chamados de "*under-banked*" ["subfinanciados"], isto é, os que apresentam risco elevado de inadimplência, como os que têm histórico de não pagamento de empréstimos, já faliram ou têm pouca experiência de endividamento.
[16] Ver *Online NewsHour*, "Greenspan Admits 'Flaw' to Congress, Predicts More Economic Problems", 23 out. 2008, transcrição. Disponível em: <http://www.pbs.org/newshour>.

geram espontaneamente responsabilidade e confiança, porque, em longo prazo, é do interesse dos próprios participantes agir assim. Está claro que o erro de Greenspan não foi apenas e simplesmente ter superestimado a racionalidade dos agentes de mercado, isto é, sua capacidade de resistir à tentação de ter ganhos especulativos extraordinários. O que ele esqueceu de incluir na equação foi a perspectiva bastante racional dos especuladores de que valia a pena correr o risco, porque, no caso de um colapso financeiro, poderiam contar com o Estado para cobrir o prejuízo.

Entre parênteses, uma das estranhas consequências da crise financeira e das medidas tomadas para combatê-la foi o ressurgimento do interesse pela obra de Ayn Rand, o mais perto que se pode chegar de uma ideóloga do capitalismo radical do tipo "ganância é bom". As vendas da obra magna de Rand, *Quem é John Galt?**, voltaram a explodir. Uma das razões aventadas para esse sucesso é que:

> [o apoio do governo Obama aos bancos com problemas] cheira a socialismo tirânico, forçando os fortes e bem-sucedidos a apoiar os fracos, preguiçosos e incompetentes. "A atual estratégia econômica saiu diretamente de *Quem é John Galt?*", escreveu recentemente o comentarista Stephen Moore no *Wall Street Journal*. "Quanto mais incompetente você for nos negócios, mais esmolas os políticos lhe concederão."[17]

Segundo alguns relatos, já há sinais de que a situação descrita em *Quem é John Galt?* – os próprios capitalistas criativos entram em greve – está para acontecer. De acordo com John Campbell, parlamentar republicano: "Os realizadores vão entrar em greve. Estou vendo, em nível baixo, uma espécie de protesto dos que geram emprego [...] que vêm refreando suas ambições porque veem como estão sendo punidos por elas"[18]. O absurdo dessa reação está na leitura totalmente errada da situação: a maior parte do dinheiro do plano de salvamento vai em somas gigantescas justamente para esses "titãs" randianos** desregulados cujos esquemas "criativos" fracassaram e, com isso, provocaram uma ruína em espiral. E não são os grandes gênios criativos que estão ajudando as pessoas comuns e preguiçosas, mas os contribuintes comuns é que estão ajudando os "gênios criativos" fracassados. Basta lembrar que o pai político--ideológico do longo processo econômico que resultou na crise é o supramencionado Alan Greenspan, "objetivista" randiano de carteirinha.

Mas voltemos a Miller, pois a mensagem de seu estranho texto é clara: vamos esperar com paciência que surja o novo "sujeito suposto saber". Aqui, a posição de Miller é de puro cinismo liberal: todos sabemos que o "sujeito suposto saber" é uma ilusão criada pelo processo de transferência; mas sabemos disso "em particular", como

---

* Rio de Janeiro, Expressão e Cultura, 1999. (N. E.)
[17] Oliver Burkeman, "Look out for number one", *Guardian*, 10 mar. 2009, p. 3.
[18] Idem.
** De Ayn Rand. (N. E.)

psicanalistas. Em público, devemos promover o surgimento do novo "sujeito suposto saber" para controlar as reações de pânico...

Recentemente, Miller se envolveu na briga contra a tentativa europeia de impor regulamentação estatal à psicanálise, o que de fato levaria à sua absorção pelo vasto campo das terapias cognitivas e bioquímicas "científicas". Infelizmente, ele registra essa briga nos termos da insistência da direita-liberal na liberdade dos indivíduos em relação ao controle e à regulamentação estatal socialista e paternalista, referindo-se diretamente à obra de Willem H. Buiter, neoliberal pró-thatcherista[19]. Miller ignora que a regulamentação estatal que ele combate com tanta ferocidade é encenada em nome da proteção da autonomia e da liberdade dos indivíduos; ele combate, portanto, as consequências da própria ideologia em que se baseia. O paradoxo é que, na sociedade informatizada de hoje, em que não só o Estado como também as grandes empresas são capazes de penetrar na vida dos indivíduos e controlá-la em grau inaudito, a regulamentação estatal é necessária para manter a própria autonomia à qual supostamente ameaça.

Em meados de abril de 2009, num quarto de hotel em Siracusa, eu pulava entre dois programas de TV: um documentário sobre Pete Seeger, grande cantor folclórico e esquerdista norte-americano, e uma reportagem da Fox News sobre a "tea party"* em Austin, no Texas, com um cantor *country* apresentando uma canção anti-Obama que dizia que Washington tributa pessoas comuns e trabalhadoras para financiar os ricos financistas de Wall Street. O curto-circuito entre os dois programas causou em mim um efeito eletrizante com duas características especialmente notáveis. Em primeiro lugar, havia a estranha semelhança entre os dois músicos, ambos fazendo uma crítica populista contra o *establishment* dos ricos exploradores e de seu Estado, ambos clamando por medidas radicais, inclusive a desobediência civil – outro lembrete doloroso de que, em relação às formas de organização, a direita populista radical contemporânea lembra estranhamente a antiga esquerda populista radical. Em segundo lugar, era impossível não notar a irracionalidade fundamental dos protestos da "tea party": na verdade, Obama planeja *baixar* os impostos de mais de 95% dos trabalhadores comuns e propõe aumentá-los apenas para os 2% mais altos, isto é, para os "ricos exploradores". Então, como é que essas pessoas agem literalmente contra seus interesses?

Thomas Frank descreveu com competência esse paradoxo do conservadorismo populista contemporâneo nos Estados Unidos[20]: a oposição econômica de classe

---

[19] Ver Willem H. Buiter, "Le nouveau paternalisme: attention, danger!", *Le Nouvel Ane*, 9 set. 2008, p. 34-5.
* Literalmente, a "festa do chá". Movimento político contrário à cobrança de impostos e a favor de um Estado menor; inspira-se na revolta histórica de Boston, ocorrida em 1773. (N. E.)
[20] Ver Thomas Frank, *What's the Matter with Kansas? How Conservatives Won the Heart of America* (Nova York, Metropolitan, 2004).

(operários e fazendeiros pobres contra advogados, banqueiros e grandes empresas) é transposta ou recodificada na oposição entre os norte-americanos cristãos, honestos e trabalhadores, e os liberais decadentes que tomam *latte* e dirigem carros estrangeiros, defendem o aborto e a homossexualidade, zombam do sacrifício patriótico e do estilo de vida simples e "provinciano" etc. Assim, o inimigo é visto como a elite "liberal" que, por meio da intervenção federal do Estado (dos ônibus escolares às leis que obrigam o ensino em sala de aula da teoria darwinista e de práticas sexuais pervertidas), quer minar o autêntico estilo de vida norte-americano. A principal exigência econômica dos conservadores é, por conseguinte, livrar-se do Estado forte que tributa a população para financiar suas intervenções regulatórias; seu programa econômico mínimo é: "menos impostos, menos regulamentação". Da perspectiva-padrão da defesa racional e esclarecida do interesse próprio, a incoerência dessa postura ideológica é óbvia: os conservadores populistas estão votando literalmente *a favor de sua ruína econômica*. Menos tributação e desregulamentação significa mais liberdade para as grandes empresas que arruínam os fazendeiros empobrecidos; menos intervenção do Estado significa menos ajuda federal para os pequenos empresários e comerciantes.

Embora discorde da pauta moral populista, a "classe dominante" tolera a "guerra moral" como meio de manter as classes inferiores sob controle, isto é, permite que elas expressem sua fúria sem perturbar o *status quo* econômico. Isso significa que a *guerra cultural é uma guerra de classes* deslocada, apesar dos que afirmam que vivemos numa sociedade pós-classes... Entretanto, isso só torna o enigma ainda mais incompreensível: como esse deslocamento é *possível*? "Estupidez" e "manipulação ideológica" não são respostas adequadas, quer dizer, é claro que não basta afirmar que as classes inferiores e primitivas sofreram tamanha lavagem cerebral do aparelho ideológico que não são ou não são mais capazes de identificar seus verdadeiros interesses. No mínimo, é preciso lembrar que, décadas atrás, o mesmo estado do Kansas identificado no livro de Frank como uma fortaleza conservadora já foi o berço do populismo *progressista* dos Estados Unidos – e, com certeza, o povo não ficou mais estúpido nas últimas décadas. As provas da força concreta da ideologia são abundantes; nas eleições europeias de junho de 2009, os eleitores apoiaram maciçamente a política liberal neoconservadora, a mesma política que causou a crise atual. Na verdade, quem precisa de repressão direta quando se pode convencer as galinhas a ir espontaneamente para o abatedouro?

A versão de ideologia capitalista de Sorman ignora esse processo de autocegueira necessária e, como tal, é violenta e gritante demais para ser endossada como hegemônica; tem em si algo do caráter de "superidentificação", de afirmação tão aberta das premissas subjacentes que causa embaraço aos envolvidos. Ao contrário, a versão ideológica de capitalismo que *está* surgindo como hegemônica na crise atual é a de um ecocapitalismo "socialmente responsável". Apesar de admitir que, no passado e no presente, o sistema de livre mercado muitas vezes foi superexplorador, com consequências catastróficas, essa versão afirma agora que podemos discernir os sinais de uma nova orientação consciente de que a mobilização capitalista da capacidade produtiva de uma sociedade também pode servir a metas ecológicas, à luta contra a pobreza e a outros fins meritórios. Em geral, essa versão é apresentada como parte de uma mudança mais ampla rumo a um novo paradigma holístico, espiritual e pós-materialista. Com a consciência crescente da unidade entre todas as formas de vida na Terra e dos perigos comuns que todos enfrentamos, vem surgindo uma nova abordagem que não opõe mais o mercado à responsabilidade social; ambos podem se unir para benefício mútuo. A colaboração com os funcionários e a participação deles, o diálogo com os clientes, o respeito ao meio ambiente, a transparência dos acordos comerciais são, hoje, o segredo do sucesso. Os capitalistas não deveriam ser apenas máquinas de gerar lucro, sua vida pode ter um significado mais profundo. Seus lemas preferidos passaram a ser gratidão e responsabilidade social: eles são os primeiros a admitir que a sociedade foi incrivelmente boa ao permitir que desenvolvessem seus talentos e acumulassem fortunas, de modo que é seu dever dar algo em troca à sociedade e ajudar as pessoas comuns. Só esse tipo de abordagem dedicada e compassiva faz o sucesso nos negócios valer a pena... Desse modo, o novo *éthos* de responsabilidade global pode fazer o capitalismo funcionar como o instrumento mais eficiente para o bem comum. O *dispositivo* ideológico básico do capitalismo – podemos chamá-lo de "razão instrumental", "exploração tecnológica", "ganância individualista" ou do que quisermos – é separado das condições socioeconômicas concretas (relações de produção capitalistas) e concebido como vida autônoma ou atitude "existencial" que deve (e pode) ser superada por uma nova postura mais "espiritual", *conservando intactas essas mesmas relações capitalistas*.

Apesar disso, a crise financeira de 2008 não teria sido uma espécie de comentário irônico sobre a natureza ideológica desse sonho de ecocapitalismo espiritualizado e socialmente responsável? Como todos sabemos, em 11 de dezembro de 2008 Bernard Madoff, filantropo e administrador de investimentos muitíssimo bem-sucedido de Wall Street, foi preso e acusado de gerenciar um esquema de Ponzi (ou pirâmide) de 50 bilhões de dólares.

> Por fora, os fundos de Madoff eram, supostamente, investimentos de baixo risco. O maior anunciava ganhos constantes, em geral de um ou dois pontos percentuais por mês. A estratégia declarada dos fundos era comprar ações de empresas grandes e sólidas e inteirar os investimentos com estratégias associadas ao mercado de opções. Combinados, os investimentos deveriam gerar retorno estável e cobrir prejuízos.
> Mas, em algum momento de 2005, segundo o processo da SEC [Securities and Exchange Comission – Comissão de Títulos e Câmbio], a empresa de assessoria e investimentos de Madoff se transformou num esquema de pirâmide, pegando dinheiro de novos investidores para pagar clientes que queriam resgatar seus investimentos. [...] Apesar do lucro, um número cada vez maior de investidores começou a pedir seu dinheiro de volta. Na primeira

semana de dezembro, segundo o processo da SEC, Madoff disse a um alto executivo que houvera 7 bilhões de dólares em pedidos de resgate. [...]
Madoff encontrou-se com os dois filhos para contar que a empresa de assessoria era uma fraude – "uma pirâmide gigantesca", pelo que disseram – e estava quase falida.[21]

Há duas particularidades que tornam essa história surpreendente: a primeira é que uma estratégia tão simples e notória tenha dado certo num campo que se diz altamente complexo e controlado como o da especulação financeira hoje; a segunda é que Madoff não era um excêntrico marginal, mas um membro do centro do *establishment* financeiro norte-americano (Nasdaq), envolvido em numerosas atividades beneficentes. Portanto, devemos resistir às numerosas tentativas de transformar Madoff num caso patológico, de apresentá-lo como um patife corrupto, um verme podre numa maçã verde e saudável. O caso de Madoff não seria, antes, um exemplo extremo e, portanto, puro do que causou a crise financeira?

Cabe aqui uma pergunta ingênua: Madoff não sabia que seu esquema estava fadado a desmoronar em longo prazo? Que força lhe negou essa avaliação óbvia? Não foi o vício nem a irracionalidade pessoais de Madoff, mas a pressão, o impulso interior de continuar, de expandir a esfera de circulação para manter a máquina funcionando, inserida no próprio sistema de relações capitalistas. Em outras palavras, a tentação de "metamorfosear" negócios legítimos em esquemas de pirâmide faz parte da própria natureza do processo de circulação capitalista. Não se sabe em que momento exato o negócio legítimo atravessou o Rubicão e se metamorfoseou em esquema ilegal; a própria dinâmica do capitalismo torna indistinta a fronteira entre investimento "legítimo" e especulação "selvagem", porque, no fundo, o investimento capitalista é a aposta arriscada de que certo esquema será lucrativo, é um ato de pedir emprestado ao futuro. Uma mudança súbita e incontrolável das circunstâncias pode arruinar um investimento supostamente "seguro"; é isso que provoca o "risco" capitalista. E, no capitalismo "pós-moderno", a especulação potencialmente nociva atingiu um nível muito mais alto do que poderíamos imaginar em períodos anteriores[22].

Nos últimos meses, personagens públicos, do papa para baixo, nos bombardearam com injunções para combatermos a cultura da ganância e do consumo excessivo. Esse espetáculo repulsivo de moralização barata é uma operação ideológica como nunca se viu antes: a compulsão (de se expandir) inscrita no próprio sistema é traduzida em questão de pecado pessoal, de propensão psicológica privada. Portanto, a circulação autopropulsada do Capital continua a ser, mais do que nunca, o Real supremo da vida,

---

[21] Stephen Gandel, "Wall Street's Latest Downfall: Madoff Charged with Fraud", *Time*, 12 dez. 2008.
[22] Aliás, um sinal da maturidade do público norte-americano é que não houve traço de antissemitismo na reação à crise financeira, embora fosse fácil imaginar reações como: "Já notou que os judeus, os financistas judeus, obrigaram todos nós, norte-americanos trabalhadores, a pagar 700 bilhões de dólares para cobrir o custo das loucuras deles?".

uma fera que, por definição, não pode ser controlada, já que ela mesma controla nossa atividade, cegando-nos até para os perigos mais óbvios que cortejamos. É uma grande negação fetichista: "Sei muito bem os riscos que corro e até a inevitabilidade do colapso final, mas mesmo assim... [consigo adiar o colapso mais um pouquinho, assumir um pouquinho mais de risco e assim indefinidamente]". É uma "irracionalidade" auto--ofuscante em estreita correlação com a "irracionalidade" das classes mais baixas, que votam contra o próprio interesse, e mais uma prova do poder concreto da ideologia. Como o amor, a ideologia é cega, mesmo que os indivíduos enredados nela não o sejam.

Humano, demasiado humano...

A era contemporânea volta e meia se proclama pós-ideológica, mas essa negação da ideologia só representa a prova suprema de que, mais do que nunca, estamos imbuídos na ideologia. A ideologia é sempre um campo de luta – entre outras, de luta pela apropriação de tradições passadas. Um dos indicadores mais claros de nossa triste situação é a apropriação liberal de Martin Luther King, em si uma operação ideológica exemplar. Recentemente, Henry Louis Taylor observou: "Todos, até as criancinhas, conhecem Martin Luther King e podem dizer que seu grande momento foi aquele discurso do 'Eu tenho um sonho'. Ninguém consegue ir além dessa frase. Tudo que sabemos é que esse camarada teve um sonho. Não sabemos que sonho foi"[23]. King fez um longo caminho desde que foi saudado pelas multidões em Washington, em março de 1963, quando foi apresentado como o "líder moral de nosso país". Por insistir em questões que iam além da simples segregação, perdeu muito apoio público e foi visto cada vez mais como um pária. Como explicou Harvard Sitkoff, "ele assumiu a questão da pobreza e do militarismo porque as considerava vitais 'para tornar a igualdade algo real, não apenas uma irmandade racial, mas igualdade de fato'". Nos termos de Badiou, King seguiu o "axioma da igualdade", muito além da questão isolada da segregação racial: estava em campanha contra a pobreza e a guerra na época em que morreu. Falou contra a Guerra do Vietnã e, quando foi morto, em Memphis, em abril de 1968, estava lá para apoiar a greve dos trabalhadores da limpeza pública. Como disse Melissa Harris-Lacewell, "seguir King significava seguir a estrada impopular, não a popular".

Além disso, tudo que hoje identificamos com liberdade e democracia liberal (sindicatos, voto universal, educação gratuita universal, liberdade de imprensa etc.) foi conquistado com a luta difícil e prolongada das classes inferiores nos

---

[23] Essa citação e as duas seguintes (de Sitkoff e de Harris-Lacewell) foram tiradas de uma reportagem da Associated Press intitulada "MLK's legacy is more than his 'Dream' speech". Disponível em: <http://wcbstv.com>.

séculos XIX e XX; em outras palavras, foi tudo, menos consequência "natural" das relações capitalistas. Recordemos a lista de exigências que conclui o *Manifesto Comunista**: com exceção da abolição da propriedade privada dos meios de produção, a maioria é amplamente aceita hoje nas democracias "burguesas", mas somente como resultado de lutas populares. Vale destacar outro fato com frequência ignorado: hoje, a igualdade entre brancos e negros é comemorada como parte do sonho americano e tratada como axioma ético-político evidente por si só; mas nas décadas de 1920 e 1930 os comunistas norte-americanos eram a *única* força política a defender a igualdade racial completa[24]. Os que defendem a existência de um vínculo natural entre capitalismo e democracia distorcem os fatos, assim como a Igreja Católica distorce os fatos quando se apresenta como defensora "natural" da democracia e dos direitos humanos contra a ameaça de totalitarismo – como se a Igreja não tivesse aceitado a democracia apenas no fim do século XIX como uma concessão desesperada, e mesmo assim rangendo os dentes, deixando claro que preferia a monarquia e que era com relutância que cedia aos novos tempos.

Por conta de sua total difusão, a ideologia surge como seu oposto, como *não ideologia*, como âmago de nossa identidade humana para além de qualquer rótulo ideológico. É por isso que o excelente *As benevolentes*, de Jonathan Littell[25], é tão traumático, principalmente para os alemães: o livro faz um relato ficcional do Holocausto em primeira pessoa, do ponto de vista de um alemão, o SS *Obersturmbannführer* Maximilian Aue. O problema é: como descrever a maneira como os carrascos nazistas vivenciavam e simbolizavam sua situação sem provocar empatia nem mesmo justificá-los? O que Littell faz, para usarmos termos de certo mau gosto, é uma versão ficcional nazista de Primo Levi. Com tal, ele nos ensina uma lição freudiana muito importante: devemos rejeitar a ideia de que o modo adequado de combater a demonização do Outro é subjetivá-lo, ouvir sua história, entender como ele percebe a situação (ou como disse um partidário do diálogo no Oriente Médio: "O inimigo é aquele cuja história ainda não ouvimos"). No entanto, esse procedimento tem um limite óbvio: podemos nos imaginar convidando um nazista violento e brutal – como o Maximilian Aue de Littell, que na verdade se convida – a nos contar sua história? Estaríamos dispostos a afirmar também que Hitler era inimigo só porque sua história não foi ouvida? Os detalhes de sua vida pessoal "redimem" os horrores que resultaram de seu reinado, tornam-no "mais humano"? Cito um de meus exemplos favoritos: Reinhard Heydrich, o arquiteto do Holocausto, gostava de tocar os últimos quartetos de corda de Beethoven com

---

* São Paulo, Boitempo, 1998. (N. E.)
[24] Ver Glenda Elizabeth Gilmore, *Defying Dixie: the Radical Roots of Civil Rights* (Nova York, Norton, 2007).
[25] Ver Jonathan Littell, *The Kindly Ones* (Nova York, Harper Book Club, 2009). [Ed. bras.: *As benevolentes*, Rio de Janeiro, Alfaguara, 2007.]

amigos em suas noites de lazer. Nossa experiência mais elementar de subjetividade é a "riqueza da minha vida interior": é isso que "realmente sou", em contraste com as determinações e responsabilidades simbólicas que assumo na vida pública (pai, professor etc.). Aqui, a primeira lição da psicanálise é que essa "riqueza da vida interior" é fundamentalmente falsa: é um biombo, uma distância falsa, cuja função, por assim dizer, é salvar as aparências, tornar palpável (acessível a meu narcisismo imaginário) minha verdadeira identidade simbólico-social. Assim, um dos modos de praticar a crítica à ideologia é inventar estratégias para desmascarar a hipocrisia da "vida interior" e suas emoções "sinceras". A experiência que temos de nossa vida por dentro, a história sobre nós que contamos a nós mesmos para explicar o que fazemos é mentira; a verdade está, antes de tudo, do lado de fora, naquilo que fazemos. Aí reside a difícil lição do livro de Littell: encontramos nele alguém cuja história *realmente* ouvimos, mas que ainda assim *continua sendo* nosso inimigo. O que é verdadeiramente insuportável nos carrascos nazistas não são as coisas pavorosas que fizeram, mas como continuaram "humanos, demasiado humanos" enquanto faziam tais coisas. As "histórias sobre nós que contamos a nós mesmos" servem para confundir a verdadeira dimensão ética de nossos atos. Quando fazemos juízos éticos, deveríamos ser cegos às histórias; é por isso que o conselho de Elfriede Jelinek aos dramaturgos não só é esteticamente correto, como contém uma profunda justificativa ética:

> As personagens no palco devem ser rasas, como as roupas num desfile de moda: o que se tem não deveria ir além do que se vê. O realismo psicológico é repulsivo porque nos permite fugir da realidade intragável, protegendo-nos na "luxuosidade" da personalidade, perdendo-nos na profundeza da personagem individual. A tarefa do escritor é bloquear essa manobra, nos enxotar até um ponto de onde possamos ver o horror com olhos desapaixonados.[26]

A mesma estratégia de "humanização" ideológica (no sentido da sabedoria proverbial de que "errar é humano") é ingrediente fundamental da (auto)apresentação ideológica das Forças de Defesa de Israel (FDI). Os meios de comunicação israelenses adoram tratar das imperfeições e dos traumas psíquicos dos soldados israelenses, apresentando-os não como máquinas militares perfeitas nem como heróis super--humanos, mas como pessoas comuns que, enredadas nos traumas da história e da guerra, às vezes cometem erros e se perdem pelo caminho. Por exemplo, em janeiro de 2003, quando demoliram a casa de um suposto "terrorista", as FDI o fizeram com extrema gentileza, chegando a ajudar a família a retirar os móveis antes de passar com as retroescavadeiras. Um incidente parecido foi noticiado pouco antes na imprensa:

---
[26] Elfriede Jelinek, citada por Nicholas Spice, "Up from the Cellar", *London Review of Books*, 5 jun. 2008, p. 6.

quando um soldado israelense revistava uma casa palestina atrás de suspeitos, a mãe chamou a filha pelo nome para acalmá-la; o soldado, surpreso, viu que o nome da menina assustada era o mesmo de sua filha; numa explosão de sentimentalismo, puxou a carteira e mostrou a foto de sua filha à mãe palestina. É fácil discernir a falsidade de gestos de empatia como esse: a noção de que, apesar das diferenças políticas, somos todos basicamente seres humanos, com os mesmos amores e preocupações, neutraliza o impacto da atividade do soldado. Sendo assim, a única resposta adequada da mãe deveria ser: "Se você é mesmo um ser humano como eu, *por que faz o que está fazendo agora?*". O soldado, então, só poderia se refugiar no dever reificado: "Não gosto, mas é meu dever...", evitando, portanto, assumir seu dever de forma subjetiva.

O objetivo dessa humanização é enfatizar a lacuna entre a realidade complexa da pessoa e o papel que tem de desempenhar contra sua verdadeira natureza. "Em minha família, os genes não são militares", diz um dos soldados entrevistados em *Tsahal*, de Claude Lanzmann (1994), surpreso de se ver como oficial de carreira[27]. Ironicamente, Lanzmann segue aqui a mesma técnica de humanização de Spielberg, alvo de seu absoluto desprezo. Como em *Shoah*, em *Tsahal* Lanzmann trabalha apenas no tempo presente, recusando qualquer cena de batalha de arquivo ou narração que dê o contexto histórico. Desde o começo do filme, somos jogados *in medias res*: vários oficiais recordam os horrores da guerra de 1973, enquanto isso, ao fundo, aparelhos de som reproduzem gravações autênticas do momento de pânico que tomou as unidades israelenses a leste do canal de Suez quando foram atacadas por soldados egípcios. Essa "paisagem sonora" é usada como gatilho para transportar os (ex-)soldados entrevistados de volta à experiência traumática: suando, eles revivem a situação em que muitos camaradas foram mortos e admitem inteiramente sua fragilidade humana, o pânico e o medo; muitos deles confessam abertamente que temiam não só por sua vida, mas pela própria existência de Israel. Outro aspecto dessa humanização é a relação "anímica" íntima com as armas, em especial com os tanques. Como explica um dos soldados entrevistados: "Eles têm alma. Se damos nosso amor, nosso carinho ao tanque, ele nos dá tudo de volta".

O foco de Lanzmann na experiência dos soldados israelenses com estados permanentes de emergência e ameaça de aniquilação costuma ser citado como justificativa para a exclusão do ponto de vista dos palestinos: eles só são vistos mais adiante, reduzidos a pano de fundo não subjetivado. O filme mostra que os palestinos são tratados de fato como subclasse, submetidos a controle policial e militar e detidos por procedimentos burocráticos; mas a única crítica explícita à política israelense no filme é formulada por escritores e advogados israelenses (Avigdor Feldman, David Grossman, Amos Oz). Numa leitura benevolente, poderíamos afirmar (como fez Janet

---

[27] "Tsahal" é o acrônimo em hebraico de Forças de Defesa de Israel.

Maslin na resenha que escreveu sobre *Tsahal* no *New York Times*) que "Lanzmann deixa esses rostos falarem por si", fazendo com que a opressão contra os palestinos surja como presença de fundo, ainda mais avassaladora com seu silêncio. Mas será isso mesmo? Eis a descrição de Maslin de uma cena importante, quase no fim do filme, na qual Lanzmann discute com um empreiteiro israelense:

> "Quando os árabes se derem conta de que haverá judeus aqui para sempre, eles aprenderão a conviver com isso", insiste o homem, cujas casas estão sendo construídas em território ocupado. Enquanto fala, operários árabes trabalham com afinco. Confrontado pelas questões espinhosas que seu trabalho de construir colônias suscita, o homem se contradiz livremente. Também se finca em sua teimosia. "Esta é a terra de Israel", insiste de forma evasiva sempre que Lanzmann, que assumiu a missão de examinar a relação do povo israelense com essa terra, faz uma das muitas perguntas sem resposta. Finalmente, o diretor desiste de discutir, sorri filosoficamente e abraça o empreiteiro. Nesse momento, ele exprime todo o pesar e frustração que se veem em *Tsahal*, e faz isso com um único gesto.[28]

Lanzmann também "sorri[ria] filosoficamente e abraça[ria]" o operário palestino ao fundo, caso ele exprimisse uma raiva destrutiva contra os israelenses por reduzi-lo a um instrumento pago da expropriação de sua própria terra? Nisso reside a ambiguidade ideológica de *Tsahal*: os soldados entrevistados interpretam o papel de seus "eus humanos comuns", personificam as máscaras que construíram para humanizar seus atos: um embuste ideológico que chega ao cúmulo insuperável da ironia quando Ariel Sharon aparece como um pacífico agricultor.

É interessante notar que um processo de "humanização" semelhante está cada vez mais presente na recente onda de campeões de bilheteria sobre super-heróis (*Homem-Aranha*, *Batman*, *Hancock*...). Os críticos se entusiasmam, dizem que esses filmes vão além dos personagens rasos dos quadrinhos originais e tratam com detalhes as dúvidas, incertezas, fraquezas, medos e ansiedades do herói sobrenatural, a luta com seus demônios íntimos, o confronto com seu lado negro e assim por diante, como se tudo isso tornasse a superprodução comercial um pouco mais "artística". (A exceção é o excelente *Corpo fechado*, de M. Night Shyamalan.)

Na vida real, esse processo de humanização atingiu seu apogeu num recente comunicado norte-coreano à imprensa de que, no jogo de inauguração do primeiro campo de golfe do país, o amado presidente Kim Jong-Il se superou, completando o jogo de dezoito buracos com dezenove tacadas. Podemos imaginar o raciocínio do burocrata da propaganda: ninguém acreditaria que Kim conseguiu um *hole-in-one* em todas as tacadas; assim, para tornar a coisa mais realista, vamos admitir que, uma única vez, ele precisou de duas tacadas para enfiar a bola no buraco...

---

[28] Janet Maslin, "*Tsahal*: Lanzmann's Meditation on Israel's Defense", *New York Times*, 27 jan. 1995.

Infelizmente, o mesmo tipo de "humanização" arruína *O grupo Baader Meinhof* (2008), que, fora isso, é uma descrição interessante do destino da primeira geração da Fração do Exército Vermelho [RAF – Rote Armee Fraktion] (Ulrike Meinhof, Gudrun Ensslin, Andreas Baader) na Alemanha. A perspectiva subjetiva do filme, a posição oferecida implicitamente ao espectador como ponto de identificação, é a de Meinhof, a "terrorista" que, ainda assim, continua "humana", perturbada por medos e dúvidas, envolvida na reflexão constante sobre sua situação, em contraste com Ensslin e Baader, apresentados como brutalmente inumanos em sua perfeição "angelical". A lacuna que os separa surge nitidamente em seus respectivos suicídios: Meinhof se enforca em desespero quando todo o seu universo ético-político desmorona; já Ensslin e Baader se suicidam como declaração política friamente planejada. (Nesse aspecto, Meinhof é o contraponto do investigador de polícia que coordena a caçada aos terroristas, representado por Bruno Ganz: ao contrário dos colegas, que só querem exterminar os terroristas, ele também reflete sobre as causas do terrorismo e demonstra consideração pelo contexto político-ideológico mais amplo.)

Deveríamos estender sem temor essa noção a respeito da problemática da falsa "humanização" para a própria forma coletiva básica de "contar histórias sobre nós", para a textura simbólica que fornece as bases de uma comunidade (étnica, sexual, religiosa, de estilo de vida...). Aqui, a distinção de Kant entre o uso público e privado da razão pode ser de grande ajuda: o principal problema das formas da chamada "política de identidade" é que elas se concentram nas identidades "privadas"; o horizonte final é o da tolerância e da mescla dessas identidades, e toda universalidade, toda característica que percorra o campo por inteiro é rejeitada como opressora. A universalidade paulina, ao contrário, é uma forma batalhadora. Quando Paulo diz "não há grego nem judeu, não há homem nem mulher...", isso não significa que somos todos uma única família humana feliz, mas sim que há uma grande linha divisória que corta todas essas identidades particulares, tornando-as irrelevantes em última instância: "não há grego nem judeu, não há homem nem mulher [...] *há apenas cristãos e inimigos da cristandade!*". Ou, como diríamos hoje, só há os que lutam pela emancipação e seus oponentes reacionários, o povo e os inimigos do povo.

Não admira que o tema dos "sujeitos tóxicos" esteja ganhando terreno nos últimos tempos. No livro *Toxic People* [Pessoas tóxicas], Lillian Glass identifica trinta tipos de pessoas assim, alguns com rótulos engraçados, como "Duas caras que apunhala pelas costas"[29]. Ela fornece um questionário sobre pessoas tóxicas para ajudar o leitor a identificar a que categoria pertencem os suspeitos de terrorismo tóxico e sugere dez

---

[29] Ver Lillian Glass, *Toxic People* (Nova York, Simon & Schuster, 1995). [Ed. bras.: *Como lidar com pessoas difíceis*, São Paulo, Best Seller, 2003.]

técnicas para lidar com eles, como humor, confronto direto, questionamento sereno, fantasia vicária, gritar e mandar para o inferno, dar amor e ser gentil etc. Admitindo que, até certo ponto, todos somos "tóxicos", Glass também apresenta um "inventário das imagens tóxicas" que nos permite identificar nossos comportamentos destrutivos.

Albert J. Bernstein dá um passo (retórico) além, invocando a mitologia do horror e falando diretamente de vampiros emocionais que nos caçam fantasiados de gente comum: podem se esconder no escritório, na família, no círculo de amigos ou até dormir na mesma cama que nós[30]. Brilhantes, talentosos e carismáticos, conquistam nossa confiança e afeição e depois sugam nossa energia emocional. As principais categorias são os narcisistas, os antissociais hedonistas, os paranoicos exaustivos e as rainhas dramáticas histriônicas. Como seria de esperar, Bernstein também oferece uma série de estratégias de defesa comprovadas para impedir que essas criaturas das trevas suguem todo o nosso sangue.

O tema dos "sujeitos tóxicos" está se expandindo para além da referência imediata às relações interpessoais. De maneira paradigmática "pós-moderna", hoje o adjetivo "tóxico" é aplicado a uma série de propriedades que podem pertencer a níveis totalmente diferentes (natural, cultural, psicológico, político). Assim, o "sujeito tóxico" pode ser um imigrante que tem uma doença mortal e precisa ficar de quarentena; um terrorista cujos planos mortíferos têm de ser contidos e que deveria estar em Guantánamo; um ideólogo fundamentalista que deve ser silenciado porque espalha ódio; um pai, um professor ou um padre que agride e corrompe crianças.

Mas, num gesto hegeliano de universalização, devemos efetuar a passagem do predicado ao sujeito: do ponto de vista do sujeito livre e autônomo, não haveria algo de "tóxico" na própria ideia de pai ou mãe, esse mediador parasitário que sujeita o sujeito à autoridade no próprio processo de estabelecê-lo como livre e autônomo? Se há uma lição clínica sobre a paternidade, é que não pode existir pai ou mãe limpos e não tóxicos: sempre haverá uma mancha libidinal conspurcando a figura parental ideal. E devemos levar essa generalização ao extremo: em última análise, o tóxico é o Próximo como tal, o abismo de seu desejo e de seu gozo obsceno. Então a meta suprema de todas as regras que governam as relações interpessoais é pôr em quarentena ou neutralizar essa dimensão tóxica, reduzir o Próximo a um semelhante. Assim, não basta procurar os componentes tóxicos contingentes no (outro) sujeito, porque o sujeito *como tal* é tóxico em sua própria forma, em seu abismo de Alteridade – o que o torna tóxico é o *objet petit a* [objeto *a*] em torno do qual gira a coerência do sujeito. Quando pensamos que conhecemos realmente um parente ou amigo íntimo, é comum acontecer de essa pessoa fazer de repente alguma coisa – uma observação inesperadamente vulgar ou cruel,

---

[30] Ver Albert J. Bernstein, *Emotional Vampires: Dealing with People Who Drain You Dry* (Nova York, McGraw-Hill, 2002). [Ed. bras.: *Vampiros emocionais: como lidar com pessoas que sugam você*, Rio de Janeiro, Campus, 2001.]

um gesto obsceno, um olhar frio e indiferente quando esperávamos compaixão – que nos leva a perceber que, na verdade, não a conhecemos; tomamos consciência de ter um completo estranho à nossa frente. Nesse momento, o semelhante se transforma em Próximo.

Em julho de 2008, como numa irônica anuência à teoria do estado de exceção de Giorgio Agamben, o governo italiano decretou estado de emergência em toda a Itália para enfrentar o problema do Próximo em sua forma contemporânea paradigmática: a entrada ilegal de imigrantes da África do Norte e da Europa oriental. No início de agosto, dando um expressivo passo além nessa direção, foram mobilizados 4 mil soldados armados para controlar pontos sensíveis nas grandes cidades (estações ferroviárias, centros comerciais...) e, assim, elevar o nível de segurança pública. Atualmente, também há planos de usar as forças armadas para proteger as mulheres contra estupradores. Aqui, o importante é observar que o estado de emergência foi instituído sem grandes protestos: a vida continuou normalmente... Não seria esse o estado do qual nos aproximamos nos países desenvolvidos do planeta, onde esta ou aquela forma de estado de emergência (empregado contra ameaças terroristas, imigrantes etc.) é simplesmente aceita como medida necessária para garantir o curso normal das coisas?

Então qual é a realidade desse estado de emergência? Um incidente em 20 de setembro de 2007, pelo qual sete pescadores tunisianos foram a julgamento na Sicília pelo crime de resgatar 44 migrantes africanos da morte certa no mar, vai esclarecer isso. Se condenados por "auxiliar e assistir imigrantes ilegais", terão de cumprir de um a quinze anos de prisão. Em 7 de agosto, os pescadores ancoraram num recife a cerca de 50 quilômetros ao sul da ilha de Lampedusa, perto da Sicília, e dormiram. Acordados por gritos, viram um bote de borracha lotado de pessoas famintas, inclusive mulheres e crianças, agitando-se nas ondas revoltas e a ponto de afundar. O comandante decidiu conduzi-los ao porto mais próximo de Lampedusa, onde ele e toda a tripulação foram presos. Todos os observadores concordam que o verdadeiro objetivo desse julgamento absurdo é dissuadir outras tripulações de fazer a mesma coisa: nada foi feito contra outros pescadores que, vendo-se em situação parecida, afastaram os migrantes surrando-os com varas, pelo que se conta, e deixando que se afogassem[31]. O que esse incidente mostra é que a noção de Agamben do *homo sacer*, o excluído da ordem civil que pode ser morto impunemente, está em plena ação no coração da própria Europa, que se vê como último bastião dos direitos humanos e da ajuda humanitária,

---

[31] Ver reportagem de Peter Popham, "Tunisian Fishermen Face 15 Years' Jail in Italy for Saving Migrants from Rough Seas", *Independent*, 20 set. 2007, p. 30.

em contraste com os Estados Unidos e os excessos da "guerra ao terror". Os únicos heróis nesse caso foram os pescadores tunisianos, cujo comandante, Abdelkarim Bayoudh, simplesmente afirmou: "Estou satisfeito com o que fiz".

A melhor formulação do "antissemitismo sensato" foi feita em 1938 por Robert Brasillach, que se via como um antissemita "moderado":

> Concedemo-nos a permissão de aplaudir no cinema o meio judeu Charlie Chaplin, de admirar o meio judeu Proust, de aplaudir o judeu Yehudi Menuhin; e a voz de Hitler é trazida pelas ondas de rádio que levam o nome do judeu Hertz. [...] Não queremos matar ninguém, não queremos organizar nenhum *pogrom*. Mas achamos que a melhor maneira de atrapalhar as ações sempre imprevisíveis do antissemitismo instintivo é organizar o antissemitismo sensato.[32]

Não é essa mesma atitude que está em prática na maneira como nossos governos tratam a "ameaça imigrante"? Depois de rejeitar virtuosamente o racismo populista como "insensato" e inaceitável para os nossos padrões democráticos, apoiam medidas protetoras "sensatamente" racistas... Como Brasillach em seus últimos dias, alguns, mesmo os sociais-democratas, dizem: "Concedemo-nos a permissão de aplaudir os atletas africanos e os leste-europeus, os médicos asiáticos, os programadores de computador indianos. Não queremos matar ninguém, não queremos organizar nenhum *pogrom*. Mas achamos que a melhor maneira de atrapalhar as ações sempre imprevisíveis dos protestos violentos contra a imigração é organizar a proteção sensata contra os imigrantes". Essa visão da desintoxicação do Próximo representa uma passagem clara do barbarismo direto para o barbarismo berlusconiano de rosto humano.

Aqui, a figura de Berlusconi como líder "humano, demasiado humano" é crucial, pois a Itália, hoje, é de fato uma espécie de laboratório experimental do nosso futuro. Se a cena política se dividisse em tecnocracia liberal-permissiva e populismo fundamentalista, a grande realização de Berlusconi teria sido unir os dois, capturar ambos ao mesmo tempo. Podemos argumentar que é essa combinação que torna impossível derrotá-lo, pelo menos no futuro próximo; os remanescentes da "esquerda" italiana, resignados, agora o aceitam como destino. Essa aceitação silenciosa de Berlusconi como destino talvez seja o aspecto mais triste de seu reinado: sua democracia é a democracia daqueles que ganham, por assim dizer, por W.O., que dominam pela desmoralização cínica.

O que torna Berlusconi tão interessante como fenômeno político é o fato de que, como político mais poderoso do país, ele age de forma cada vez mais desavergonhada: não só ignora ou neutraliza qualquer investigação legal sobre as atividades criminosas

---

[32] Citado por Alice Kaplan, *The Collaborator: the Trial and Execution of Robert Brasillach* (Chicago, University of Chicago Press, 2001), p. 23-4.

que supostamente sustentam seus interesses comerciais particulares, como também mina sistematicamente a dignidade fundamental associada ao fato de ser o chefe do Estado. A dignidade da política clássica baseia-se em sua elevação acima do jogo de interesses particulares da sociedade civil: a política é "alienada" da sociedade civil, apresenta-se como esfera ideal do *citoyen*, em contraste com o conflito entre interesses egoístas que caracteriza o *bourgeois*. Berlusconi aboliu efetivamente essa alienação: na Itália contemporânea, o poder do Estado é exercido diretamente pelo vil *bourgeois* que explora de maneira clara e impiedosa o poder de Estado para proteger seus interesses econômicos e discute seus problemas conjugais diante dos milhões que assistem à TV, ao estilo de um vulgar *reality show*.

O último presidente norte-americano genuinamente trágico foi Richard Nixon. Como mostram dois filmes extraordinários a seu respeito (*Nixon*, de Oliver Stone, e o recente *Frost/Nixon*), ele era um vigarista, mas um vigarista vítima da lacuna entre seus ideais e ambições e a realidade de seus atos e que teve, portanto, uma queda autenticamente trágica. Com Ronald Reagan (e Carlos Menem, na Argentina), uma figura diferente de presidente subiu ao palco, o presidente "Teflon", que somos tentados a caracterizar como pós-edipiano: o presidente "pós-moderno" que, não sendo nem mesmo esperado dele que siga com coerência o programa eleitoral, tornou-se impermeável às críticas (lembremos como a popularidade de Reagan subia toda vez que aparecia em público e os jornalistas enumeravam seus erros). Esse novo tipo de presidente mistura explosões (que parecem ser) espontaneamente ingênuas com a mais impiedosa manipulação.

Naturalmente, a aposta das vulgaridades indecentes de Berlusconi é que o povo se identificará com ele, na medida em que personifica ou encena a imagem mítica do italiano médio: "Sou um de vocês, um tantinho corrupto, tenho problemas com a lei, traio minha esposa porque sinto atração por outras mulheres...". Até sua atuação grandiosa como político nobre, *Il Cavaliere*, lembra mais o sonho de grandeza ridiculamente operístico dos pobres. No entanto, essa aparência de "sujeito comum, igual a todos nós" não deveria nos enganar: por trás da máscara de palhaço, há um domínio do poder estatal funcionando com eficiência impiedosa. Mesmo que Berlusconi seja um palhaço sem dignidade, não deveríamos rir dele; fazendo isso, talvez já estejamos entrando em seu jogo. O riso dele parece mais o riso louco e obsceno do inimigo do super-herói num filme do Batman ou do Homem-Aranha. Para termos uma ideia da natureza de seu domínio, devemos imaginar algo como o Coringa de *Batman* no poder. O problema é que governo tecnocrata associado a fachada de palhaço não é o suficiente: é necessário algo mais, ou seja, o medo. Aqui entra a besta de duas cabeças de Berlusconi: os imigrantes e os "comunistas" (nome genérico que Berlusconi aplica a todos que o atacam, inclusive à *Economist*, uma revista liberal britânica de centro-direita).

Certa vez, Oriana Fallaci (que, fora isso, era bastante simpática a Berlusconi) escreveu: "O verdadeiro poder não precisa de arrogância, berros e barba comprida. O verdadeiro poder nos estrangula com fitas de seda, charme e inteligência". Para entender Berlusconi, basta acrescentar a essa série o talento de zombar estupidamente de si mesmo. *Kung Fu Panda*, o *hit* dos desenhos animados em 2008, dá as coordenadas básicas do funcionamento da ideologia contemporânea. O gordo panda sonha em se tornar um guerreiro sagrado do *kung fu*; quando, por pura sorte (atrás da qual, é claro, se esconde a mão do destino), é escolhido para ser o herói que salvará a cidade, é bem-sucedido... No entanto, no decorrer do filme, esse espiritualismo pseudo-oriental é minado o tempo todo por um senso de humor cínico e vulgar. A surpresa é que essa autozombaria contínua em nada interfere na eficiência do espiritualismo oriental; em última análise, o filme leva a sério o alvo das piadas intermináveis. O mesmo acontece numa das minhas anedotas prediletas sobre Niels Bohr: surpreso por ver uma ferradura pendurada na porta da casa de campo do físico, um colega cientista que o visitava exclamou que não compartilhava da crença supersticiosa de que as ferraduras afastavam os maus espíritos; Bohr retrucou: "Também não acredito. Deixo aí porque me disseram que funciona mesmo quando não acreditamos". É assim que a ideologia funciona hoje: ninguém leva a sério a democracia ou a justiça, todos temos consciência de sua natureza corrupta, mas participamos delas, exibimos nossa crença nelas, porque supomos que funcionam mesmo quando não acreditamos nelas. É por isso que Berlusconi é nosso grande Kung Fu Panda. Talvez nesse caso a velha piada dos irmãos Marx ("Este homem parece um idiota corrupto, age como um idiota corrupto, mas não se engane: ele *é* um idiota corrupto") atinja seu limite: embora Berlusconi seja o que parece, ainda assim essa aparência é enganosa.

O "novo espírito" do capitalismo

O medo do Outro "tóxico" é, portanto, o anverso (e a verdade) de nossa empatia pelo outro reduzido a semelhante. Mas como surge essa síndrome? *O novo espírito do capitalismo*, de Boltanski e Chiapello, examina o processo em detalhe, especialmente a propósito da França. De modo weberiano, o livro distingue três "espíritos" sucessivos do capitalismo: o primeiro, o espírito empreendedor, durou até a Grande Depressão da década de 1930; o segundo teve como ideal não o empreendedor, mas o diretor assalariado da grande empresa. (É fácil ver aqui um paralelo próximo da conhecida passagem do capitalismo ético-protestante individualista para o capitalismo corporativo-gerencial do "homem de empresa"[33].) A partir da década de 1970, surgiu

---

[33] Há uma descrição detalhada desse trecho em Luc Boltanski e Eve Chiapello, *The New Spirit of Capitalism* (Londres, Verso, 2005). [Ed. bras.: *O novo espírito do capitalismo*, São Paulo, WMF Martins Fontes, 2009.]

uma nova figura: o capitalismo começou a abandonar a estrutura fordista hierárquica do processo de produção e, em seu lugar, desenvolveu uma forma de organização em rede baseada na iniciativa do empregado e na autonomia no local de trabalho. Em vez de uma cadeia de comando centralizada e hierárquica, hoje temos redes com miríades de participantes nas quais o trabalho é organizado na forma de equipes ou projetos e a atenção geral dos trabalhadores está voltada para a satisfação do cliente, graças à visão de seus líderes. Dessa maneira, o capitalismo foi transformado e legitimado como projeto igualitário: ao acentuar a interação autopoiética e a auto-organização espontânea, acabou usurpando da extrema esquerda a retórica da autogestão dos trabalhadores, transformando o lema anticapitalista em capitalista.

Na medida em que esse espírito pós-68 do capitalismo forma uma unidade econômica, social e cultural específica, essa mesma unidade justifica o nome "pós--modernismo". É por isso que, embora tenha havido muitas críticas legítimas ao pós-modernismo como uma nova forma de ideologia, ainda assim devemos admitir que, quando Jean-François Lyotard, em *A condição pós-moderna**, elevou o termo de simples designação de certas tendências artísticas novas (principalmente na literatura e na arquitetura) à denominação de uma nova época histórica, houve um elemento de autêntica *nominação* nesse ato. O "pós-modernismo" funcionava agora, efetivamente, como um novo Significante-Mestre que introduzia uma nova ordem de inteligibilidade para a multiplicidade confusa da experiência histórica.

No nível do consumo, esse novo espírito é o do chamado "capitalismo cultural": fundamentalmente, compramos mercadorias não pela utilidade ou pelo símbolo de *status*; compramos para ter a experiência que oferecem, consumimos para tornar a vida prazerosa e significativa. Essa tríade lembra necessariamente a tríade RSI lacaniana: o Real da utilidade direta (comida boa e saudável, qualidade de um carro etc.), o Simbólico do *status* (compro determinado carro para indicar meu *status* – ponto de vista de Thorstein Veblen), o Imaginário da experiência prazerosa e significativa. Na distopia de Paul Verhoeven, *O vingador do futuro*, uma agência oferece instalar lembranças de férias ideais no cérebro; ninguém precisa mais viajar para outro lugar, é muito mais prático e barato simplesmente comprar lembranças da viagem. Outra versão do mesmo princípio seria ter a experiência das férias desejadas na realidade virtual; já que o que realmente importa é a experiência, por que não apenas comprá--la, evitando o desvio desconfortável pela realidade? Supõe-se que o consumo sustente a qualidade da vida, seu tempo deveria ser um "tempo de qualidade" – não tempo de alienação, de imitação de modelos impostos pela sociedade, do medo de não conseguir "acompanhar os vizinhos", mas tempo de realização autêntica de meu verdadeiro Eu, do jogo sensual da experiência, de ser prestativo aos outros envolvendo-se com

---

*   12. ed., Rio de Janeiro, José Olympio, 2010. (N. E.)

caridade ou ecologia etc. Um caso exemplar de "capitalismo cultural" é a campanha publicitária da Starbucks: "Não é só o que compramos, é em que acreditamos". Depois de louvar a qualidade do café propriamente dito, o anúncio continua:

> Quando você compra na Starbucks, percebendo ou não, você passa a acreditar em algo muito maior do que uma xícara de café. Passa a acreditar em uma ética do café. Com nosso programa Starbucks Shared Planet [Planeta Compartilhado da Starbucks], compramos mais café do comércio justo do que qualquer empresa do mundo, garantindo que os agricultores que cultivam os grãos recebam um preço justo por seu trabalho. Aprimoramos e investimos em comunidades e práticas de cultivo de café no mundo inteiro. É o *karma* bom do café. [...] Ah, e parte do preço de uma xícara de café da Starbucks ajuda a dar ao lugar cadeiras confortáveis, boa música e o clima certo para sonhar, trabalhar e conversar. Todos precisamos de lugares assim hoje em dia. [...] Quem escolhe a Starbucks compra uma xícara de café de uma empresa que se importa com tudo isso. Não admira que seja tão gostoso.[34]

Aqui, o excedente "cultural" é explicado em seus mínimos detalhes: o café é mais caro que em qualquer outro lugar porque, na verdade, o que estamos comprando é a "ética do café", e isso inclui preocupação com o meio ambiente, responsabilidade social para com os produtores e um lugar onde podemos participar da vida comunitária (a Starbucks sempre apresentou suas lojas como uma comunidade *Ersatz* [substituta]). E, como se não bastasse, se a sua necessidade ética ainda não estiver satisfeita e você continuar preocupado com a miséria do Terceiro Mundo, você pode comprar outros produtos. Eis a descrição da Starbucks do programa "Ethos Water":

> Ethos Water é uma marca com uma missão social: ajuda as crianças do mundo a ter acesso a água potável e faz crescer a consciência sobre a escassez mundial de água. Toda vez que alguém compra uma garrafa de água Ethos™, o Ethos Water contribui com 5 centavos de dólar (10 centavos no Canadá) para a nossa meta de arrecadar pelo menos 10 milhões de dólares em 2010. Através da Starbucks Foundation, o Ethos Water apoia programas humanitários de acesso à água na África, na Ásia e na América Latina. Até hoje, a concessão de recursos pelo Ethos Water superou os 6,2 milhões de dólares. Estima-se que esses programas ajudarão 420 mil pessoas a ter acesso a água potável, saneamento e informações sobre higiene.[35]

(Não se menciona aqui que uma garrafa de água Ethos é 5 centavos mais cara na Starbucks do que em estabelecimentos semelhantes...) É assim que o capitalismo, no nível do consumo, incorpora a herança de 68, a crítica do consumo alienado: a experiência *autêntica* tem importância. Uma campanha recente dos hotéis Hilton

---
[34] Citação de um anúncio de página inteira no *USA Today*, 4 maio 2009, p. A9.
[35] Citado de: <http://www.starbucks.com>.

consiste numa afirmação simples: "As viagens não nos levam apenas de A para B. Elas deveriam também nos tornar pessoas melhores". Há apenas uma década, alguém imaginaria um anúncio desses? Não é também por essa razão que compramos alimentos orgânicos? Quem realmente acredita que as maçãs "orgânicas" meio podres e muito caras são mais saudáveis que as variedades não orgânicas? A questão é que, ao comprá-las, não estamos apenas comprando e consumindo, estamos fazendo algo significativo: estamos mostrando nossa consciência global e nossa capacidade de nos preocupar, estamos participando de um projeto coletivo... A mais recente expressão científica desse "novo espírito" é o surgimento de uma nova disciplina: os "estudos da felicidade". No entanto, como é possível que em uma época de hedonismo espiritualizado, em que o objetivo da vida é definido diretamente como felicidade, o número de pessoas com ansiedade e depressão esteja explodindo? É o enigma dessa autossabotagem da felicidade e do prazer que torna a mensagem de Freud mais pertinente do que nunca.

Como costuma acontecer, um país em desenvolvimento do Terceiro Mundo, a saber, o Butão, mostra em detalhes, candidamente, as absurdas consequências político--sociais dessa noção de felicidade. Já faz uma década que o reino do Butão decidiu medir a Felicidade Nacional Bruta (FNB), em vez do Produto Nacional Bruto (PNB); a ideia surgiu da cabeça do ex-rei Jigme Singye Wangchuck, que buscava conduzir o Butão ao mundo moderno, mas preservando sua identidade única. Diante do aumento da pressão da globalização e do materialismo, e com o minúsculo país às vésperas das primeiras eleições de sua história, Jigme Khesar Namgyel Wangchuck, o novo rei de 27 anos, formado em Oxford e popularíssimo, mandou que um órgão do governo calculasse quão felizes eram de fato os 670 mil habitantes do reino. Autoridades responderam que já haviam feito uma pesquisa com cerca de mil pessoas e dela extraído uma lista de parâmetros de felicidade (semelhante ao índice de desenvolvimento calculado pelas Nações Unidas). As principais preocupações foram identificadas como bem-estar psicológico, saúde, educação, boa governança, padrão de vida, vitalidade comunitária e diversidade ecológica... *Isso* é que é imperialismo cultural, como nunca se viu[36].

De acordo com o novo espírito do capitalismo, é construída toda uma narrativa histórico-ideológica em que o socialismo aparece como conservador, hierárquico e administrativo. A lição de 68 é "Adeus, sr. Socialismo", e a verdadeira revolução é a do capitalismo digital – em si, a consequência lógica e até mesmo a "verdade" da revolta de 68. De modo ainda mais radical, os eventos de 68 se inserem no tema da moda: a "mudança de paradigmas". Aqui, o paralelo entre o modelo do cérebro na neurociência e os modelos ideológicos predominantes de sociedade é revelador[37]. Há

---

[36] "Bhutan Tries to Measure Happiness", ABC News, 24 mar. 2008.
[37] Ver Catherine Malabou, *Que faire de notre cerveau?* (Paris, Bayard, 2004).

ecos nítidos entre o cognitivismo atual e o capitalismo "pós-moderno"; por exemplo, quando Daniel Dennett defende a mudança da noção cartesiana do Eu como agência controladora central da vida psíquica para a noção da interação autopoiética de agentes competidores múltiplos, isso não seria eco da mudança do controle e do planejamento burocráticos centrais para o modelo em rede? Portanto, não só o nosso cérebro é socializado como a própria sociedade também é naturalizada no cérebro[38], e é por isso que Malabou está certa quando enfatiza a necessidade de abordar a questão principal: "O que se deve fazer para evitar que a consciência do cérebro coincida direta e simplesmente com o espírito do capitalismo?".

Até Hardt e Negri defendem esse paralelo: da mesma maneira que as ciências do cérebro nos ensinam que não existe um Eu central, a nova sociedade da multidão que governa a si mesma será análoga à atual noção cognitivista do ego como um pandemônio de agentes que interagem sem nenhuma autoridade central no comando do espetáculo... Não admira que a noção de comunismo de Negri seja estranhamente próxima do capitalismo digital "pós-moderno"[39].

Ideologicamente – e aqui chegamos ao ponto crucial –, essa mudança ocorreu como reação às revoltas da década de 1960 (de Maio de 68 em Paris ao movimento estudantil da Alemanha e aos *hippies* dos Estados Unidos). Os protestos anticapitalistas dos anos 1960 remataram a crítica-padrão à exploração socioeconômica com os novos temas da crítica cultural: a alienação da vida cotidiana, a mercantilização do consumo, a inautenticidade da sociedade de massas, em que somos obrigados a "usar máscaras" e a nos submeter à opressão sexual, entre outras etc. O novo espírito do capitalismo recuperou triunfantemente a retórica igualitária e anti-hierárquica de 1968, apresentando-se como uma revolta libertária bem-sucedida contra as organizações sociais opressoras, características do capitalismo corporativo *e* do socialismo real; um novo espírito libertário sintetizado por capitalistas que usam roupa esporte e são "legais", como Bill Gates e os criadores dos sorvetes Ben & Jerry's.

Podemos entender agora por que tanta gente insiste que Che Guevara, um dos símbolos de 68, tornou-se "o ícone pós-moderno quintessencial", que significa ao mesmo tempo tudo e nada; em outras palavras, qualquer coisa que se queira que signifique: rebelião da juventude contra o autoritarismo, solidariedade com os pobres e explorados, santidade e até, e inclusive, espírito empreendedor comunista-liberal de trabalho pelo bem de todos. Há alguns anos, um alto representante do Vaticano afirmou que os louvores ao Che deveriam ser entendidos como expressão de admiração por um homem que arriscou e deu a vida pelo bem dos outros. Como sempre, a beatificação inofensiva se mistura com seu oposto, a mercantilização

---

[38] Ibidem, p. 88.
[39] Ver Michael Hardt e Antonio Negri, *Multitude* (Londres, Penguin Press, 2004). [Ed. bras.: *Multidão*, Rio de Janeiro, Record, 2005.]

obscena. Recentemente, uma empresa australiana pôs no mercado o sorvete "cherry Guevara", é claro que concentrando a propaganda na "experiência de comer": "A luta revolucionária das cerejas foi esmagada ao serem encurraladas entre duas camadas de chocolate. Que a memória delas viva em sua boca!"[40]. No entanto, há algo de desesperado nessa insistência de que o Che se tornou um logotipo-mercadoria inofensivo – testemunhamos a série recente de publicações que nos advertem de que ele também foi um assassino frio que organizou os expurgos cubanos de 1959 e assim por diante. É significativo que essas advertências tenham surgido exatamente quando novas rebeliões anticapitalistas começaram a ocorrer no mundo, tornando o ícone mais uma vez potencialmente perigoso. Com o título "Ministra polonesa quer proibir camisetas com Lenin e Guevara", o *Europe News* noticiou, em 23 de abril de 2009, que "a ministra da Igualdade da Polônia quer estender a proibição de propaganda fascista ou totalitária a livros, roupas e outros itens":

> A ministra Elzbieta Radziszewska quer ampliar a lei que proíbe a produção de propaganda fascista ou totalitária. A lei proibiria imagens de Che Guevara, popular no mundo todo em camisetas, cartazes e murais. "Apoio essa solução", disse o professor Wojciech Roszkowski ao diário *Rzeczpospolita*. "O comunismo foi um sistema terrível e assassino, responsável por 1 milhão de vítimas. É muito parecido com o nacional-socialismo. Não há razão para tratar os dois sistemas e seus símbolos de modo diferente."

O que sobreviveu da liberação sexual da década de 1960 foi um hedonismo tolerante facilmente incorporado à ideologia hegemônica sob a égide do supereu. Então o que é o supereu? Li recentemente o seguinte no folheto de um hotel de Nova York: "Caro hóspede! Para garantir que você aproveite ao máximo sua estada conosco, é proibido fumar neste hotel. Por qualquer infração deste regulamento, serão cobrados 200 dólares". A beleza dessa formulação, tomada ao pé da letra, é que o hóspede será punido por se recusar a aproveitar ao máximo sua estada... Portanto, o imperativo de gozar do supereu funciona como inversão do "*Du kannst, denn du sollst!*" (Você pode, porque tem de!) de Kant; baseia-se num "Você tem de, porque pode!". Ou seja, o aspecto do supereu no hedonismo "não repressor" de hoje (a provocação constante à qual estamos expostos, que ordena ir até o fim e explorar todos os modos de *jouissance*) reside na maneira como a *jouissance* permitida transforma-se necessariamente em *jouissance* obrigatória. Essa pulsão de pura *jouissance* autista (pelo uso de drogas ou outros meios que induzam o transe) surgiu num momento político preciso: quando a sequência emancipatória de 1968 exauriu seu potencial. Nesse ponto decisivo (meados da década de 1970), a única opção que restou foi uma *passage à l'acte* direta e brutal, um empurrão para o Real, que assumiu três formas principais: a busca de formas

---

[40] Ver Michael Glover, "The marketing of a Marxist", *Times*, Londres, 6 jun. 2006.

extremas de *jouissance* sexual; o terrorismo político de esquerda (a RAF na Alemanha, as Brigadas Vermelhas na Itália etc., cuja proposta era que, numa época em que as massas estavam totalmente mergulhadas no lamaçal ideológico capitalista, a crítica--padrão da ideologia não funcionava mais e somente o recurso ao Real nu e cru da violência direta – *l'action directe* – despertaria as massas); e, finalmente, a guinada para o Real da experiência íntima (misticismo oriental). O que as três têm em comum é o recuo do envolvimento político-social concreto para o contato direto com o Real.

Essa passagem do envolvimento político para o Real pós-político talvez encontre um bom exemplo nos filmes de Bernardo Bertolucci, o arquirrenegado cujo trabalho vai de obras-primas precoces como *Antes da revolução* a autocomplacências estético--espiritualistas como o abominável *O pequeno Buda*. Essa série fechou o círculo com *Os sonhadores*, filme tardio de Bertolucci sobre 1968 em Paris, em que um casal de estudantes franceses (irmão e irmã) faz amizade com um jovem estudante norte--americano no torvelinho dos acontecimentos. No fim do filme, os amigos se separam porque os estudantes franceses se envolvem com a violência política, enquanto o norte-americano se mantém fiel à mensagem de amor e libertação emocional.

Jean-Claude Milner sabe muito bem que o *establishment* conseguiu desfazer todas as consequências ameaçadoras de 1968 pela incorporação do chamado "espírito de 68", voltando-o, assim, contra o verdadeiro âmago da revolta. As exigências de novos direitos (que causariam uma verdadeira redistribuição do poder) foram atendidas, mas apenas à guisa de "permissões" – a "sociedade permissiva" é exatamente aquela que amplia o alcance do que os sujeitos têm permissão de fazer sem, na verdade, lhes dar poder adicional:

> Os que detêm o poder conhecem muito bem a diferença entre direito e permissão. [...] O direito, no sentido estrito da palavra, dá acesso ao exercício de um poder à custa de outro poder. A permissão não diminui o poder de quem a concede, não aumenta o poder de quem a recebe. Torna a vida mais fácil, o que não é pouca coisa.[41]

É o que acontece com o direito ao divórcio, ao aborto, ao casamento gay e assim por diante; são todos permissões mascaradas de direitos; não mudam em nada a distribuição de poder. Este foi o efeito do "espírito de 68": "contribuiu efetivamente para tornar a vida mais fácil. Isso é muito, mas não é tudo, porque não invadiu nenhum poder"[42]. Aí reside "o segredo da tranquilidade que dominou a França nos últimos quarenta anos": "o espírito de 68 se tornou o melhor aliado da restauração. Este é o segredo da violência produzida cada vez mais à margem das cidades: o espírito

---

[41] Jean-Claude Milner, *L'arrogance du présent: regards sur une décennie, 1965-1975* (Paris, Grasset, 2009), p. 233.
[42] Ibidem, p. 236.

de 68 agora só persiste nos que estão instalados nas cidades. A juventude empobrecida não sabe o que fazer com ele"[43].

Embora Maio de 68 visasse a atividade total (e totalmente politizada), o "espírito de 68" transpôs isso para uma pseudoatividade despolitizada (novos estilos de vida etc.), a própria forma da passividade social. Uma das consequências disso foram as recentes explosões de violência nos subúrbios, desprovidas de qualquer conteúdo utópico ou libertário. A conclusão amarga de Milner é a seguinte: "Não me falem mais de permissões, controle, igualdade; só conheço a força. Eis a minha pergunta: diante da conciliação dos notáveis e da solidariedade dos mais fortes, como fazer com que os fracos tenham poder?"[44].

Se a esquerda recuou para as intimidades do Real sexual ou espiritual, o que aconteceu com a *forma* de organização política radical, os grupos semi-ilegais que se preparavam para a batalha final apocalíptica nos interstícios do poder do Estado? De certo modo, essas células ressurgiram nos Estados Unidos sob a forma dos grupos sobrevivencialistas; embora sua mensagem ideológica seja de racismo religioso, seu modo de organização (pequenos grupos ilegais que combatem o FBI e outros órgãos federais) faz com que pareçam uma cópia extravagante dos Panteras Negras da década de 1960. Estas estranhas palavras, que soam como se fossem de Hardt e Negri, são de uma música que acompanha um vídeo de recrutamento fundamentalista-sobrevivencialista de 1982: "Multidões, multidões no vale da decisão/ Pois o dia do SENHOR se aproxima no vale da decisão".

A ironia da situação é que, em relação à forma organizacional apocalíptica do estado de emergência (a consciência coletiva de que estão "vivendo os últimos dias"), os fundamentalistas sobrevivencialistas estão certos. Mas se enganam em sua lógica *populista*. O populismo, em última análise, é sempre sustentado pela exasperação frustrada de pessoas comuns, pelo grito de "Não sei o que está acontecendo, só sei que para mim chega! Isso não pode continuar! Isso tem de acabar!". Essas explosões de impaciência traem a recusa a entender ou se envolver com a complexidade da situação e dão origem à convicção de que tem de haver algum responsável pela bagunça – e é por isso que, invariavelmente, é necessário que haja um agente escondido nos bastidores. Aí, nessa recusa de saber, reside a dimensão propriamente *fetichista* do populismo. Ou seja, embora em nível puramente formal o fetichismo envolva um gesto de transferência (para o fetiche-objeto), ele funciona como inversão exata da fórmula-padrão da transferência (com o "sujeito suposto saber"): aquilo a que o fetichismo dá corpo é precisamente minha desautorização do conhecimento, minha recusa a assumir subjetivamente o que sei. É por isso que, em termos nietzschianos bastante

---

[43] Ibidem, p. 237.
[44] Ibidem, p. 241.

adequados aqui, a suprema diferença entre a verdadeira política emancipatória radical e a política populista é que a primeira é ativa, impõe sua visão e a faz cumprir-se, enquanto o populismo é fundamentalmente *re*ativo, uma reação ao intruso perturbador. Em outras palavras, o populismo continua a ser uma versão da política do medo: mobiliza a multidão acumulando o medo do agente externo corrupto.

Isso nos leva ao importante tópico da relação indistinta entre poder e conhecimento nas sociedades modernas. Naquilo que Lacan chama de discurso da Universidade, a autoridade é exercida pelo conhecimento (especializado). Jacques-Alain Miller está certo quando ressalta que a originalidade de Lacan ao lidar com o par conhecimento/poder foi pouco notada na época. Ao contrário de Foucault, que variava de forma interminável o motivo de sua conjunção (o conhecimento não é neutro, é em si um aparelho de poder e controle), Lacan "postula, para a época moderna, disjunção, dilaceramento, discórdia entre conhecimento e poder. [...] O diagnóstico do mal-estar da civilização feito por Lacan é que o conhecimento assumiu 'um crescimento desproporcional em relação aos efeitos do poder'"[45]. No outono de 2007, o debate público na República Checa sobre a instalação de radares do Exército norte-americano em território checo ferveu; embora a grande maioria da população (cerca de 70%) fosse contra, o governo deu andamento ao projeto. Os representantes do governo rejeitaram os pedidos de plebiscito, argumentando que não se tomam decisões sobre assuntos delicados de segurança nacional pelo voto, elas devem ser deixadas para os especialistas militares[46]. Seguindo essa lógica até o fim, chegamos a um estranho resultado: o que *resta* para ser votado, então? As decisões econômicas, por exemplo, não deveriam ser deixadas para os especialistas em economia, e assim em todos os outros domínios do conhecimento?

Essa situação nos apresenta o impasse da "sociedade da escolha" em sua forma mais radical. Hoje, há múltiplos investimentos ideológicos na questão da escolha, muito embora os cientistas do cérebro ressaltem que a liberdade de escolha é uma ilusão; nós nos vivenciamos "livres" simplesmente quando somos capazes de agir do modo que nosso organismo determinou, sem nenhum obstáculo externo para atrapalhar nossa propensão íntima[47]. Os economistas liberais enfatizam a liberdade de escolha

---

[45] Idem.
[46] É interessante que os mesmos representantes citaram uma razão puramente política para tomar sua decisão: os Estados Unidos ajudaram os checos a se libertar três vezes em sua história (em 1918, 1945 e 1989), de modo que agora os checos deviam retribuir o favor, negando-se essa mesma liberdade...
[47] A pesquisa recente avançou muito mais que as experiências clássicas de Benjamin Libet, realizadas na década de 1980, as quais demonstraram que o cérebro toma decisões cerca de três décimos de segundo antes que seu dono as perceba. Medindo a atividade cerebral durante um exercício de solução de problemas complexos, é possível determinar se o voluntário terá a iluminação mágica instantânea que resolverá o problema dez segundos antes de ela lhe ocorrer. Ver "Incognito", *Economist*, 18-24 abr. 2009, p. 78-9.

como ingrediente fundamental da economia de mercado: de certo modo, quando compramos coisas, estamos votando com nosso dinheiro. Pensadores existencialistas "profundos" gostam de empregar variações sobre o tema da escolha existencial "autêntica", em que está em jogo o próprio âmago de nosso ser – uma escolha que exige envolvimento existencial total, em contraste com as escolhas superficiais desta ou daquela mercadoria. Na versão "marxista" do tema, a multiplicidade de escolhas com que o mercado nos bombardeia só serve para obscurecer a ausência de escolhas realmente radicais relativas à estrutura fundamental da sociedade. Entretanto, há uma característica ostensivamente ausente nessa série, a saber, a injunção de escolher quando nos faltam as coordenadas cognitivas básicas necessárias para fazer uma escolha racional. Como explica Leonardo Padura, "é horrível não conhecer o passado e ainda assim ser capaz de causar impacto no futuro"[48]; ser compelido a tomar decisões numa situação que permanece obscura é nossa condição básica. Conhecemos a situação comum da escolha forçada em que sou livre para escolher com a condição de fazer a escolha certa, de modo que a única coisa que me resta é o gesto vazio de fingir realizar livremente o que o conhecimento especializado me impôs. Mas e se, ao contrário, a escolha *for* mesmo livre e, por isso mesmo, vivenciada como ainda mais frustrante? Estamos constantemente na posição de ter de decidir sobre assuntos que afetarão nossa vida de modo fundamental, mas sem base adequada de conhecimento. Citemos novamente John Gray: "fomos lançados numa época em que tudo é provisório. Novas tecnologias alteram nossa vida dia a dia. As tradições do passado não podem ser recuperadas. Ao mesmo tempo, não sabemos bem o que o futuro nos trará. *Somos forçados a viver como se fôssemos livres*"[49].

A pressão incessante para escolher envolve não só a ignorância acerca do objeto de escolha, como também, de modo ainda mais radical, a impossibilidade subjetiva de responder à pergunta do desejo. Quando Lacan define o objeto de desejo como originalmente perdido, a questão não é simplesmente que nunca sabemos o que desejamos e estamos condenados à busca eterna do objeto "verdadeiro", que é o vácuo do desejo como tal, enquanto todos os objetos concretos são seus meros substitutos metonímicos. A questão aqui é muito mais radical: o objeto perdido, em última análise, é o próprio sujeito, o sujeito como objeto, o que significa que a questão do desejo, seu enigma original, não é "o que quero?", mas "o que os outros querem de mim? Que objeto – objeto *a* – veem em mim?". É por isso que, a propósito da pergunta histérica "por que eu sou esse nome?" (isto é, onde se origina minha identidade simbólica, o que a justifica?), Lacan ressalta que o sujeito como tal é histérico. Ele define o sujeito tautologicamente como "aquilo que não é objeto", e a questão é que a impossibilidade

---

[48] Leonardo Padura, *Havana Gold* (Londres, Bitter Lemon Press, 2008), p. 233-4.
[49] John Gray, *Straw Dogs*, cit., p. 110.

de se identificar como objeto (isto é, de saber o que sou libidinalmente para os outros) é constitutiva do sujeito. Dessa maneira, Lacan gera toda a diversidade de posições subjetivas "patológicas", lendo-a como a diversidade de respostas à pergunta histérica: o histérico e o obsessivo encenam duas modalidades da pergunta – o psicótico se conhece como objeto da *jouissance* do Outro, enquanto o pervertido se postula como instrumento da *jouissance* do Outro.

Aí reside a dimensão aterrorizante da pressão para escolher; o que ressoa até na pergunta mais inocente quando se reserva um quarto de hotel ("Travesseiros duros ou macios? Cama de casal ou duas de solteiro?") é a indagação muito mais radical: "Diga-me, quem é você? Que tipo de objeto você quer ser? O que preencherá a lacuna de seu desejo?". É por isso que a apreensão foucaultiana "antiessencialista" sobre "identidades fixas" – a ânsia incessante de praticar o "cuidado do Eu", de reinventar-se e recriar-se continuamente – encontra um estranho eco na dinâmica do capitalismo "pós-moderno". É claro que nosso velho existencialismo já afirmou que o homem é o que ele faz de si e vinculou essa liberdade radical à angústia existencial. Aqui, a angústia de vivenciar a própria liberdade, a falta de determinação substancial, era o momento autêntico em que a integração do sujeito na fixidez de seu universo ideológico é abalada. Mas o que o existencialismo não conseguiu vislumbrar é o que Adorno tentou condensar no título de seu livro sobre Heidegger, *Jargon of authenticity** [Jargão da autenticidade], ou seja, ao não reprimir mais a falta de identidade fixa, a ideologia hegemônica mobiliza diretamente essa falta para sustentar o processo interminável de "autorrecriação" consumista.

Entre os dois fetichismos

Como é possível o surgimento da ideologia como seu oposto, como não ideologia? Ele depende de uma mudança no modo predominante de ideologia: em nossa época supostamente "pós-ideológica", a ideologia funciona cada vez mais de modo *fetichista*, ao contrário do modo *sintomal* tradicional. Neste último, a mentira ideológica que estrutura nossa percepção da realidade é ameaçada por sintomas como "retornos do recalcado" – rasgos no tecido da mentira ideológica –, enquanto o fetiche é efetivamente um tipo de *envers* [avesso] do sintoma. Ou seja, o sintoma é a exceção que perturba a superfície da falsa aparência, o ponto em que a Outra Cena reprimida irrompe, enquanto o fetiche é a personificação da mentira que nos permite sustentar a verdade insuportável. Vejamos o caso da morte de um ente querido: no caso do sintoma, "reprimo" essa morte, tento não pensar nela, mas o trauma reprimido retorna no sintoma; no caso do fetiche, ao contrário, aceito inteira e "racionalmente" essa

---

*   2. ed., Londres, Routledge Classics, 2006.

morte, mas, ainda assim, agarro-me ao fetiche, a alguma característica que personifica, para mim, a desautorização da morte. Nesse sentido, o fetiche pode ter o papel muito construtivo de permitir que lidemos com a dura realidade: os fetichistas não são sonhadores perdidos em seu mundo particular, são totalmente "realistas", capazes de aceitar o modo como as coisas são porque, ao se agarrar ao fetiche, conseguem mitigar o impacto total da realidade.

Nesse sentido exato, o dinheiro, para Marx, é um fetiche: finjo ser um sujeito utilitário e racional, consciente de como são as coisas na realidade, mas personifico minha crença desautorizada no fetiche-dinheiro... Às vezes, a fronteira entre eles é quase imperceptível: um objeto pode funcionar como sintoma (de um desejo reprimido) e quase ao mesmo tempo de fetiche (personificando a crença a que renunciamos oficialmente). Uma recordação da pessoa morta, por exemplo uma peça de roupa, pode funcionar tanto como fetiche (nela, a pessoa continua a viver magicamente) quanto como sintoma (o detalhe perturbador que traz à mente sua morte). Essa tensão ambígua não é homóloga daquela entre o objeto fóbico e o fetichista? Em ambos os casos, o papel estrutural é o mesmo: se esse elemento excepcional for perturbado, todo o sistema desmorona. Não só o universo falso do sujeito desmorona se este for forçado a se confrontar com o significado do sintoma, como o oposto também é verdade, isto é, a aceitação "racional" do modo como são as coisas também se dissolve quando o fetiche é tirado do sujeito.

O "budismo ocidental" é um desses fetiches: ele nos permite participar integralmente do frenético jogo capitalista e, ao mesmo tempo, manter a percepção de que não estamos realmente nele, ficar cientes de que o espetáculo não tem valor, pois o que realmente importa é a paz do Eu interior, à qual sabemos que podemos nos recolher... Numa especificação maior, devemos notar que o fetiche pode funcionar em sentidos opostos: de um lado, seu papel pode permanecer inconsciente; de outro, o fetiche pode ser visto como o que realmente importa, como no caso do budista ocidental que não percebe que a "verdade" de sua existência está nas mesmas relações sociais que ele tende a desprezar por considerá-las um mero jogo.

Outra distinção entre dois modos diferentes de fetichismo é ainda mais importante: o fetichismo cínico-permissivo supramencionado deve se opor ao fetichismo fascista--populista. Expliquemos esse primeiro modo opondo, mais uma vez, a mistificação ideológica nele envolvida à mistificação fascista-populista. A primeira envolve uma falsa universalidade: o sujeito defende liberdade ou igualdade, mas não percebe as restrições implícitas que, em sua própria forma, restringem seu alcance (os privilégios de certos estratos sociais: ser rico, ou homem, ou pertencer a certa cultura etc.). A segunda envolve uma falsa identificação tanto da natureza do antagonismo quanto do inimigo, por exemplo: a luta de classes é deslocada para a luta contra os judeus, de modo que o ódio popular de ser explorado seja desviado das relações capitalistas como tais para a "conspiração judaica". Assim, em termos ingenuamente hermenêuticos, no primeiro caso, "quando o sujeito diz 'liberdade e igualdade' ele *quer dizer na verdade* 'liberdade de comércio e igualdade perante a lei'" etc.; no segundo caso, "quando o sujeito diz que 'os judeus são a causa de nosso sofrimento', ele *quer dizer na verdade que* 'o grande capital é a causa de nosso sofrimento'". A assimetria é clara. Para usar novamente termos ingênuos: no primeiro caso, o conteúdo explícito "bom" (liberdade/igualdade) encobre o conteúdo implícito "mau" (privilégios e exclusões de classe e outros), enquanto, no segundo caso, o conteúdo "mau" explícito (antissemitismo) encobre o conteúdo "bom" implícito (luta de classes, ódio à exploração).

Como podemos ver claramente, a estrutura íntima dessas duas mistificações ideológicas é, mais uma vez, a da dupla *sintoma/fetiche*: as limitações implícitas (à liberdade/igualdade) são os sintomas do igualitarismo liberal (retornos singulares da verdade recalcada), enquanto o "judeu" é o fetiche dos fascistas antissemitas (a "última coisa que o sujeito vê" antes de confrontar-se com a luta de classes). Essa assimetria tem consequências muito importantes para o processo ideológico-crítico de desmistificação: em relação ao igualitarismo liberal, não basta trazer de volta a velha questão marxista da lacuna entre a aparência ideológica da forma universal legal e os interesses particulares que efetivamente a sustentam, muito comum entre os críticos politicamente corretos da esquerda. O contra-argumento de que a forma nunca é "mera forma", mas tem uma dinâmica própria que deixa rastros na materialidade da vida social, desenvolvido por teóricos como Claude Lefort[50] e Jacques Rancière[51], é inteiramente válido: foi a "liberdade formal" burguesa que pôs em marcha o processo de demandas e práticas políticas "materiais", do sindicalismo ao feminismo. Deveríamos resistir à tentação cínica de reduzi-lo a mera ilusão que oculta uma realidade diferente; isso seria cair na armadilha da velha hipocrisia stalinista que zombava da liberdade burguesa "meramente formal": se era tão meramente formal a ponto de ser incapaz de perturbar as verdadeiras relações de poder, então por que o regime stalinista não permitia essa liberdade? Por que tinha tanto medo dela?

Aqui, a desmistificação interpretativa é relativamente fácil, visto que mobiliza a tensão entre forma e conteúdo: para ser coerente, o democrata liberal "honesto" terá de admitir que o conteúdo de suas premissas ideológicas frustra sua forma e, portanto, terá de radicalizar a forma (o axioma igualitário), implementando o conteúdo de modo mais completo. (A principal alternativa é o recuo para o cinismo: "Sabemos que

---

[50] Ver Claude Lefort, *The Political Forms of Modern Society: Bureaucracy, Democracy, Totalitarianism* (Cambridge, MIT Press, 1986).
[51] Ver Jacques Rancière, *Hatred of Democracy* (Londres, Verso, 2007). [Ed. port.: *O ódio à democracia*, Lisboa, Mareantes, 2007.]

o igualitarismo é um sonho impossível, então vamos fingir que somos igualitários e aceitar calados as limitações necessárias...".)

No caso do "judeu" como fetiche fascista, a desmistificação interpretativa é muito mais difícil (confirmando, assim, o entendimento clínico de que o fetichista não pode ser solapado com a interpretação do "significado" do fetiche; os fetichistas se sentem satisfeitos com seus fetiches, não têm necessidade de se livrar deles). Em termos políticos práticos, isso significa que é quase impossível "esclarecer" o trabalhador explorado que culpa "os judeus" por seu sofrimento – explicar-lhe que o "judeu" é o inimigo errado, promovido pelo verdadeiro inimigo (a classe dominante) com o objetivo de ocultar a luta verdadeira – e, assim, voltar sua atenção dos "judeus" para os "capitalistas". (Mesmo em termos empíricos, apesar de muitos comunistas terem se unido aos nazistas nas décadas de 1920 e 1930 na Alemanha e de muitos eleitores comunistas desapontados da França terem se voltado para a Frente Nacional de Le Pen nas últimas décadas, o processo oposto é extremamente raro.) Em termos políticos crus, o paradoxo é que, embora o sujeito da primeira mistificação seja basicamente o inimigo (o "burguês" liberal que pensa lutar por igualdade e liberdade universais) e o sujeito da segunda seja basicamente "dos nossos" (os próprios desprovidos, levados a direcionar sua raiva para o alvo errado), a "desmistificação" prática e efetiva é muito mais fácil no primeiro do que no segundo caso.

O cenário ideológico hegemônico contemporâneo divide-se, portanto, entre esses dois modos de fetichismo, o cínico e o fundamentalista, ambos impermeáveis à crítica "racional" argumentativa. Enquanto o fundamentalista ignora a argumentação (ou pelo menos desconfia dela) e se agarra cegamente ao fetiche, o cínico finge aceitar a argumentação, mas ignora sua eficiência simbólica. Em outras palavras, enquanto o fundamentalista (menos acredita do que) "conhece" diretamente a verdade incorporada em seu fetiche, o cínico pratica a lógica da desautorização ("sei muito bem, mas..."). Sendo assim, podemos construir uma matriz composta de quatro posições (ou atitudes perante a ideologia): (1) liberal, (2) fetichista cínica, (3) fetichista fundamentalista e (4) crítico-ideológica. Não nos surpreende que formem um quadrado semiótico greimasiano cujas quatro posições se distribuem em dois eixos: sintoma contra fetiche; identificação contra distância. Tanto o liberal quanto o crítico-ideológico se movem no nível sintomal: o primeiro está enredado nele; o segundo o solapa pela análise interpretativa. Tanto o fetichista populista quanto o cínico se agarram a seu fetiche: o primeiro, de maneira direta; o segundo, de maneira desautorizada. Tanto o fetichista populista quanto o liberal se identificam diretamente com sua posição (agarrando-se ao fetiche, levando a sério os argumentos de suas pretensões ideológicas universais), enquanto o cínico e o crítico da ideologia se distanciam de sua posição (desautorização fetichista ou interpretação crítica).

Assim, em relação à luta ideológica, isso significa que devemos ver pelo menos com profunda desconfiança aqueles esquerdistas que argumentam que os movimentos populistas-fundamentalistas muçulmanos, por serem emancipatórios e anti-imperialistas, estão basicamente "do nosso lado", e que o fato de formularem seus programas em termos diretos de antiesclarecimento e antiuniversalismo, às vezes próximos do antissemitismo explícito, não passa de uma confusão resultante de seu envolvimento na imediatidade da luta ("Quando dizem que são contra os judeus, o que realmente querem dizer é que são contra o colonialismo sionista"). Devemos resistir incondicionalmente à tentação de "compreender" o antissemitismo árabe (quando realmente o encontramos) como reação "natural" à triste luta dos palestinos: não deveria haver "compreensão" em relação ao fato de que Hitler ainda é considerado um herói em muitos países árabes, ou ao fato de que os mitos antissemitas tradicionais são reciclados nos livros de ensino básico, desde a famosa fraude dos *Protocolos dos Sábios de Sião* até a ideia de que os judeus usam sangue de crianças cristãs (ou árabes) em sacrifícios. Afirmar que esse antissemitismo articula de modo deslocado uma forma de resistência ao capitalismo não o justifica: aqui, o deslocamento não é uma operação secundária, mas o gesto fundamental de mistificação ideológica. Entretanto, o que essa pretensão *realmente* envolve é a ideia de que, a longo prazo, não é pregando a tolerância liberal ou coisa semelhante que se combaterá o antissemitismo, mas articulando a motivação anticapitalista subjacente de maneira direta e não deslocada. Aceitar a lógica equivocada do fundamentalismo supramencionada é dar o primeiro passo no caminho da conclusão bastante "lógica" de que, já que Hitler "queria dizer na verdade" os capitalistas quando se referia aos "judeus", ele deveria ser nosso aliado estratégico na luta anti-imperialista global, cujo principal inimigo é o império anglo-americano. (E essa linha de raciocínio não é mero exercício retórico: os nazistas promoveram de fato a luta anticolonialista nos países árabes e na Índia, e muitos neonazistas simpatizam com a luta árabe contra o Estado de Israel[52].) Seria um erro fatal acreditar que, em algum momento no futuro, convenceremos os fascistas de que seu inimigo "real" é o capital e de que deveriam abandonar a forma religiosa/étnica/racista específica de sua ideologia e unir forças com o universalismo igualitário.

Devemos rejeitar claramente, então, o perigoso lema do "inimigo de meu inimigo é meu amigo", que nos leva a distinguir nos movimentos islâmicos fundamentalistas um potencial anti-imperialismo "progressista". O universo ideológico de organizações

---

[52] O que torna a figura inigualável de Jacques Vergès, o "defensor do terror", um fenômeno universal é que ele personifica essa "solidariedade" entre fascismo e anticolonialismo.

como o Hezbollah baseia-se no embaçamento da distinção entre neoimperialismo capitalista e emancipação progressista secular: no espaço ideológico do Hezbollah, a emancipação das mulheres, os direitos dos homossexuais etc. são *apenas* aspectos morais "decadentes" do imperialismo ocidental... Badiou admite que "há uma limitação interna nesses movimentos, fadados como estão à particularidade religiosa". Mas essa limitação seria temporária, como Badiou parece insinuar, um limite que esses movimentos vão (ter de) superar no famoso "segundo" estágio "mais elevado" de sua evolução, em que vão (ter de) se universalizar? Badiou estaria certo ao observar que o problema aqui não é a religião como tal, mas sua particularidade, porém essa particularidade *já* não é uma limitação fatal desses movimentos, cuja ideologia é diretamente contra o Esclarecimento?

Devemos especificar, mais exatamente, que a limitação interna diz respeito não ao caráter religioso como tal, por mais "fundamentalista" que seja, mas à atitude ideológico-prática desses movimentos diante do projeto emancipatório universalista baseado no axioma da igualdade. Para esclarecer esse ponto fundamental, recordemos o caso trágico da comunidade de Canudos, ocorrido no Brasil no fim do século XIX: é um exemplo perfeito de comunidade "fundamentalista", guiada por um "Conselheiro" fanático que defendia a teocracia e o retorno à monarquia. Ao mesmo tempo, porém, eles tentaram criar uma utopia comunista, sem dinheiro ou leis, mas com propriedade comum, solidariedade igualitária, igualdade entre homens e mulheres, direito ao divórcio etc. É essa dimensão que falta ao "fundamentalismo" muçulmano, por mais "anti-imperialista" que ele se pretenda.

Todavia, mesmo no caso dos movimentos "claramente" fundamentalistas, devemos ter o cuidado de não confiar nos meios de comunicação burgueses. O Talibã é apresentado regularmente como um grupo islâmico fundamentalista que impõe seu domínio pelo uso do terror. No entanto, na primavera de 2009, quando ocuparam o vale do Swat, no Paquistão, o *New York Times* informou que os talibás planejavam "uma revolta de classe que explora as fissuras profundas entre um pequeno grupo de ricos proprietários de terra e seus ocupantes sem terra":

> Em Swat, relatos dos que fugiram deixam claro que o Talibã tomou o controle expulsando os cerca de cinquenta proprietários de terra que tinham praticamente todo o poder. Para isso, militantes organizaram os camponeses em grupos armados e os transformaram em tropa de choque. [...] A habilidade do Talibã para explorar as divisões de classe acrescenta uma nova dimensão à revolta e causa alarme com relação aos riscos que corre o Paquistão, que em grande parte ainda é feudal.
> Mahboob Mahmood, advogado americano-paquistanês e ex-colega de sala do presidente Obama, disse: "O povo do Paquistão está psicologicamente preparado para uma revolução".
> A militância sunita se aproveita das profundas divisões de classe que proliferam há muito tempo no Paquistão. "Os militantes, de sua parte, prometem mais do que apenas proibir

música e educação", disse. "Também prometem justiça islâmica, governo eficiente e redistribuição econômica."[53]

Thomas Altizer[54] explicou as implicações e consequências desses novos dados (para nossos ouvidos ocidentais):

> Finalmente se revela que o Talibã é uma força libertadora genuína, que ataca o antigo domínio feudal no Paquistão e liberta a vasta maioria camponesa. [...] Esperamos agora ouvir críticas genuínas do governo Obama, muito mais perigoso que o governo Bush, tanto por ter carta branca quanto por ser muito mais forte.

O viés ideológico do texto do *New York Times* é discernível no modo como fala da "habilidade do Talibã para explorar as divisões de classe", como se a "verdadeira" pauta do Talibã fosse outra – o fundamentalismo religioso – e eles apenas estivessem "se aproveitando" das dificuldades dos agricultores pobres e sem terra. A isso, devemos simplesmente acrescentar duas coisas. A primeira é que essa distinção entre a pauta "verdadeira" e a manipulação instrumental é imposta de fora: como se os pobres agricultores sem terra não vivessem suas dificuldades em termos "religiosos fundamentalistas"! A segunda é que, se o Talibã, "aproveitando-se" das dificuldades dos agricultores, "causa alarme com relação aos riscos que corre o Paquistão, que em grande parte ainda é feudal", o que impede que os democratas liberais do Paquistão, assim como os dos Estados Unidos, também "se aproveitem" da situação e tentem ajudar os agricultores sem terra? A triste verdade por trás do fato de que essa pergunta óbvia não é feita na reportagem do *New York Times* é que as próprias forças feudais do Paquistão são o "aliado natural" da democracia liberal...

Uma das consequências políticas dessa situação paradoxal é a tensão propriamente dialética entre estratégia de longo prazo e alianças táticas de curto prazo. Embora a longo prazo o sucesso da luta emancipatória radical dependa da mobilização das classes mais baixas (que costumam estar nas garras do populismo fundamentalista), não se deve ter escrúpulos de estabelecer alianças de curto prazo com liberais igualitários como parte da luta antissexista e antirracista.

O que fenômenos como o surgimento do Talibã mostram é que a velha tese de Walter Benjamin de que "toda ascensão do fascismo atesta uma revolução fracassada" não só é verdadeira ainda hoje, como talvez seja também mais pertinente do que nunca. Os liberais gostam de apontar as semelhanças entre os "extremismos" de direita e de esquerda: os campos de terror e morte de Hitler imitavam o terror e os *gulags* bolcheviques; a forma leninista do partido se mantém viva na Al-Qaeda. Sim, mas

---

[53] Jane Perlez e Pir Zubair Shah, "Taliban Exploit Class Rifts to Gain Ground in Pakistan", *New York Times*, 16 abr. 2009.
[54] Thomas Altizer, citação de comunicação pessoal.

o que tudo isso significa? Podemos ler isso como uma indicação de que o fascismo literalmente substitui/toma o lugar da revolução esquerdista: seu surgimento é o fracasso da esquerda, mas ao mesmo tempo é a prova de que houve um potencial revolucionário, uma insatisfação que a esquerda não foi capaz de mobilizar. E o mesmo não se aplicaria ao chamado "islamofascismo"? O surgimento do islamismo radical não seria o exato correlato do desaparecimento da esquerda secular nos países muçulmanos? Hoje, quando é retratado como exemplo máximo de país islâmico fundamentalista, quem se lembra de que, há apenas trinta anos, o Afeganistão era um país de forte tradição secular, com um partido comunista poderoso, que tomou o poder sem a ajuda da União Soviética? Para onde foi essa tradição secular? Na Europa, o mesmo se aplica à Bósnia: nas décadas de 1970 e 1980, a Bósnia-Herzegovina era (multi)culturalmente a mais interessante e viva de todas as repúblicas iugoslavas, possuía uma escola de cinema de renome internacional e um estilo de rock próprio. Hoje, ao contrário, a Bósnia é marcada por forças fundamentalistas poderosas, como a multidão muçulmana que atacou violentamente a parada gay de Sarajevo em setembro de 2008. A causa primordial dessa regressão foi a situação desesperada dos muçulmanos bósnios durante a guerra de 1992 a 1995, quando foram praticamente abandonados às armas sérvias pelas potências ocidentais.

Além disso, os termos "islamofascismo" ou "fascismo-islamismo", propostos por Francis Fukuyama e Bernard-Henri Lévy (entre outros), justificam-se? O que os torna problemáticos não é apenas a qualificação religiosa (alguém se habilitaria a descrever as formas ocidentais de fascismo como "cristofascismo"? Fascismo em si já basta, não precisa de qualificações), mas a própria designação dos movimentos e Estados "fundamentalistas" islâmicos contemporâneos como "fascistas". Talvez seja fato que o antissemitismo (mais ou menos declarado) esteja presente nesses movimentos e Estados e que haja vínculos históricos entre o nacionalismo árabe e o fascismo e o nazismo europeus. Entretanto, no fundamentalismo muçulmano o antissemitismo não tem o mesmo papel que no fascismo europeu, no qual a ênfase recai no intruso externo responsável pela desintegração da sociedade (antes) "harmoniosa". Há pelo menos uma grande diferença que salta aos olhos. Para os nazistas, os judeus eram um povo nômade, sem Estado e sem raízes, que corrompia as comunidades em que vivia; como tal, do ponto de vista nazista, o Estado de Israel era uma solução possível; não admira que, antes de resolver exterminá-los, os nazistas brincassem com a ideia de conceder terras aos judeus para que construíssem um Estado (desde Madagascar até a própria Palestina). Para os árabes "antissionistas" de hoje, ao contrário, o problema é o *Estado* de Israel; alguns exigem sua destruição e o retorno dos judeus à condição de povo nômade e sem Estado.

Todos conhecemos a caracterização anticomunista do marxismo como "o Islã do século XX", uma secularização do fanatismo abstrato do Islã. Pierre-André Taguieff, historiador liberal do antissemitismo, virou essa caracterização pelo avesso: o Islã está se tornando "o marxismo do século XXI", prolongando, depois do declínio do comunismo, seu anticapitalismo violento. Se levarmos em conta a ideia de Benjamin de que o fascismo ocupa o lugar da revolução fracassada, o "âmago racional" dessas inversões pode ser facilmente aceito pelos marxistas. Entretanto, seria errado concluir daí que o máximo que a esquerda pode fazer é torcer para que a crise seja limitada e o capitalismo continue a garantir um padrão de vida relativamente alto para um número cada vez maior de pessoas – uma estranha política radical cuja maior esperança é que as circunstâncias continuem a fazê-la inoperante e marginal... Essa parece ser a conclusão de alguns esquerdistas, como Moishe Postone e seus colegas: já que toda crise que abre espaço para a esquerda radical também dá origem ao antissemitismo, o melhor para nós é apoiar o capitalismo bem-sucedido e torcer para que não haja crises. Levado à conclusão lógica, esse raciocínio implica que, em última análise, o anticapitalismo como tal é antissemita. É contra esse raciocínio que devemos ler o mote de Badiou *"Mieux vaut un désastre qu'un désêtre"*: é preciso correr o risco da fidelidade ao Evento, mesmo que o Evento acabe num "desastre obscuro". O melhor indicador da falta de confiança da esquerda em si mesma é o medo da crise; essa esquerda teme por sua posição confortável de voz crítica totalmente integrada ao sistema, disposta a não arriscar nada. É por isso que o velho mote de Mao Tsé-Tung é hoje mais pertinente do que nunca: "Tudo sob o céu é um caos total; a situação é excelente".

A verdadeira esquerda leva a crise a sério, sem ilusões, mas como algo inevitável, como oportunidade que deve ser plenamente explorada. A noção básica da esquerda radical é que, embora sejam doídas e perigosas, as crises são inelutáveis e constituem o terreno em que é preciso travar e vencer as batalhas. A diferença entre o liberalismo e a esquerda radical é que, embora se refiram aos mesmos três elementos (centro liberal, direita populista, esquerda radical), eles os localizam numa topologia radicalmente diferente: para o centro liberal, a esquerda radical e a direita são duas formas do mesmo excesso "totalitário"; já para a esquerda, a única alternativa verdadeira é entre ela e a linha liberal predominante, visto que a direita "radical" populista não passa de *sintoma* da incapacidade do liberalismo de lidar com a ameaça esquerdista. Hoje, quando um político ou ideólogo nos oferece a opção entre liberdade liberal e opressão fundamentalista, fazendo perguntas (puramente retóricas) como: "Você quer que as mulheres sejam excluídas da vida pública e privadas dos direitos básicos? Quer que todos que criticam e zombam da religião sejam punidos com morte?", o que deveria nos deixar desconfiados é a própria evidência da resposta: quem vai querer *isso*? O problema é que esse universalismo liberal simplista perdeu a inocência há muito tempo. É por isso que, para o verdadeiro esquerdista, o conflito entre permissividade liberal e fundamentalismo é, em última análise, um conflito *falso*, um círculo vicioso em que dois polos opostos geram e pressupõem um ao outro. Aqui, devemos dar um passo hegeliano para trás e questionar a própria medida em que o fundamentalismo aparece em todo o seu horror. Há muito tempo os liberais perderam o direito de julgar. O que Horkheimer disse certa vez deveria ser aplicado ao fundamentalismo de hoje: os que não querem falar (criticamente) sobre a democracia liberal e seus nobres princípios deveriam ficar quietos em relação ao fundamentalismo religioso. E, de forma ainda mais incisiva, devemos insistir enfaticamente que o conflito entre os árabes e o Estado de Israel é um conflito falso: mesmo que todos acabemos morrendo por causa dele, é um conflito que só confunde as verdadeiras questões.

Como entender essa reversão do impulso emancipatório a populismo fundamentalista? No marxismo autêntico, a totalidade não é um ideal, mas uma noção crítica; situar um fenômeno em sua totalidade não significa ver a harmonia oculta do Todo, mas incluir em um sistema todos os seus "sintomas", seus antagonismos e inconsistências, como partes integrantes. Nesse sentido, liberalismo e fundamentalismo formam uma "totalidade", porque sua oposição se estrutura de modo que o próprio liberalismo gera seu oposto. Então onde se encontram os valores centrais do liberalismo (liberdade, igualdade etc.)? O paradoxo é que o liberalismo não é suficientemente forte para salvar seus valores centrais do ataque fundamentalista. Não consegue se manter de pé sozinho: falta alguma coisa no edifício liberal. Em sua própria noção, o liberalismo é "parasítico", conta com uma rede pressuposta de valores comunitários que ele mesmo solapa no decorrer de seu desenvolvimento. O fundamentalismo é uma reação – falsa e mistificadora, é claro – contra uma falha real e inerente do liberalismo, e por isso o fundamentalismo é gerado, mais uma vez, pelo liberalismo. Deixado por conta própria, o liberalismo se corrói lentamente; só a esquerda renovada pode salvar seu âmago. Ou, nos famosos termos de 1968, para que sua herança fundamental sobreviva, o liberalismo precisa da ajuda fraterna da esquerda radical.

Comunismo outra vez!

No capitalismo global contemporâneo, a naturalização ideológica chegou a um nível sem precedentes: são raros os que ousam até *sonhar* sonhos utópicos sobre alternativas possíveis. Um a um, os poucos regimes comunistas que sobreviveram reinventam-se como protetores autoritários de um "capitalismo de valores asiáticos", novo, eficiente e ainda mais dinâmico. Longe de provar que a era das utopias ideológicas ficou para trás, essa hegemonia incontestável do capitalismo é sustentada pelo âmago propriamente utópico da ideologia capitalista. As utopias de mundos alternativos foram exorcizadas pela utopia no poder, ela própria mascarada de realismo pragmático. É utópico não só o sonho conservador de recuperar um Passado idealizado antes da Queda ou a imagem de um futuro brilhante como a universalidade atual menos seu obstáculo constitutivo, como também é utópica a ideia pragmático-liberal de que se podem resolver os problemas aos poucos, um a um ("tem gente morrendo em Ruanda, então vamos esquecer a luta anti-imperialista e impedir o massacre", ou "temos de combater a pobreza e o racismo aqui e agora, não vamos esperar pelo colapso da ordem capitalista global"). Recentemente, John Caputo escreveu:

> Eu ficaria muito feliz se os políticos da extrema esquerda nos Estados Unidos conseguissem reformar o sistema oferecendo assistência médica universal, redistribuindo efetivamente a riqueza de modo mais igualitário, com a revisão das regras de imposto, restringindo efetivamente o financiamento das campanhas, dando direito de voto a todos, tratando os trabalhadores imigrantes com humanidade e colocando em prática uma política externa multilateral que incorpore o poder norte-americano à comunidade internacional etc., isto é, intervindo no capitalismo por meio de reformas sérias e de longo alcance. [...] Se, depois de tudo isso, Badiou e Žižek ainda se queixassem de que um Monstro chamado Capital nos persegue, eu tenderia a saudar esse Monstro com um bocejo.[55]

O problema aqui não é a conclusão de Caputo de que, se é possível conseguir tudo isso dentro do capitalismo, por que não continuar dentro do sistema? O problema está na premissa "utópica" de que é *possível* conseguir tudo isso dentro das coordenadas do capitalismo global. E se os casos específicos de mau funcionamento do capitalismo enumerados por Caputo não forem meras perturbações acidentais, mas necessidades estruturais? E se o sonho de Caputo for um sonho de universalidade (da ordem capitalista universal) sem seus sintomas, sem pontos críticos em que sua "verdade recalcada" se articule?

Essa limitação do gradualismo reformista também nos leva aos limites do cinismo político. Há algo em Henry Kissinger, o supremo *Realpolitiker* cínico, que salta aos olhos de todos, a saber, quão absolutamente erradas suas previsões se mostraram. Por exemplo, quando chegou ao Ocidente a notícia do golpe militar contra Gorbachev, em 1991, Kissinger aceitou imediatamente o novo regime (que desmoronou de forma ignominiosa três dias depois) como um fato – enfim, quando os regimes socialistas já estavam mortos em vida, ele contava estabelecer um pacto de longo prazo com eles. O que esse exemplo mostra perfeitamente é a limitação da atitude cínica: os cínicos são *les non-dupes* que *errent*; o que não reconhecem é a eficácia simbólica das ilusões, a maneira como regulam a atividade que gera a realidade social. A posição de cinismo é a da sabedoria popular; o cínico exemplar diz em particular, ao pé do ouvido e em tom confidencial: "Você não entende? Na verdade, tudo é [dinheiro, poder, sexo...], todos os valores e princípios elevados não passam de expressões vazias, sem nenhuma

---

[55] John Caputo e Gianni Vattimo, *After the Death of God* (Nova York, Columbia University Press, 2007), p. 124-5.

importância". Nesse sentido, os filósofos de fato "acreditam no poder das ideias", acreditam que "as ideias governam o mundo", e os cínicos têm toda razão de acusá-los desse pecado. Entretanto, não reconhecem sua própria ingenuidade. Os filósofos é que são os verdadeiros realistas: sabem muito bem que a posição cínica é impossível e inconsistente, que os cínicos efetivamente seguem os princípios que ridicularizam em público. Stalin foi o maior exemplo de cínico; mas, precisamente como tal, acreditava sinceramente no comunismo.

Assim, depois de denunciar o utopismo de todos os "suspeitos de sempre", talvez tenha chegado a hora de nos concentrarmos na própria utopia liberal. É assim que devemos responder aos que desdenham qualquer tentativa de questionar os fundamentos da ordem capitalista-democrático-liberal por serem, eles mesmos, perigosamente utópicos: o que enfrentamos na crise atual são as consequências do âmago utópico dessa mesma ordem. Embora o liberalismo se apresente como o antiutopismo personificado, e o triunfo do neoliberalismo apareça como um sinal de que deixamos para trás os projetos utópicos responsáveis pelos horrores totalitários do século XX, está cada vez mais claro hoje que a verdadeira época utópica foram os alegres anos 1990 de Clinton, quando acreditávamos que havíamos chegado ao "fim da história" e que a humanidade finalmente encontrara a fórmula ótima da ordem socioeconômica. Mas a experiência das décadas recentes mostra claramente que o mercado não é um mecanismo benigno que funciona melhor quando é deixado por conta própria; é necessária uma boa dose de violência externa ao mercado para estabelecer e manter as condições de seu funcionamento.

A crise financeira em andamento mostra como é difícil perturbar o espesso matagal das premissas utópicas que determina nossos atos. Como Alain Badiou explicou sucintamente:

> O cidadão comum tem de "entender" que é impossível resolver o déficit da previdência social, mas é imperativo encher com bilhões incontáveis o buraco financeiro dos bancos? Temos de aceitar melancolicamente que ninguém mais acredite que seja possível nacionalizar uma fábrica acossada pela concorrência, uma fábrica que emprega milhares de operários, mas que seja óbvio nacionalizar um banco que perdeu dinheiro devido à especulação?[56]

Devemos generalizar a afirmação: apesar de sempre reconhecermos a urgência dos problemas quando combatemos a aids, a fome, a escassez de água, o aquecimento global etc., sempre parece que temos tempo para refletir, adiar decisões (a principal conclusão da última reunião de líderes mundiais em Bali, aclamada como um sucesso, foi que haveria um novo encontro dali a dois anos para continuar as conversações...). Mas, com a crise financeira, a urgência da ação foi incondicional; quantidades de

---
[56] Alain Badiou, "De quel réel cette crise est-elle le spectacle?", *Le Monde*, 17 out. 2008.

dinheiro em magnitude inimaginável tiveram de ser encontradas imediatamente. Salvar espécies em perigo, salvar o planeta do aquecimento global, salvar os pacientes com aids, salvar os que estão morrendo por falta de recursos para tratamentos caros, salvar as crianças famintas... tudo isso pode esperar mais um pouquinho. O chamado para "salvar os bancos", ao contrário, é um imperativo incondicional a que se deve responder com ação imediata. O pânico foi tão absoluto que se formou de imediato uma unidade transnacional e apartidária, e todos os ressentimentos entre líderes mundiais foram momentaneamente esquecidos para evitar *a* catástrofe. Mas o que a tão elogiada abordagem "bipartidária" significou realmente foi a suspensão de fato dos procedimentos democráticos: não houve tempo para travar um debate adequado e os que se opunham ao plano no Congresso norte-americano acabaram concordando com a maioria. Bush, McCain e Obama uniram-se para explicar aos parlamentares confusos que simplesmente não havia tempo para discussões – estávamos em estado de emergência e tudo simplesmente tinha de ser feito depressa... E não podemos esquecer que quantias magnificamente enormes foram gastas não com um problema "real" ou concreto, mas essencialmente para *recuperar a confiança* no mercado, isto é, simplesmente para mudar a crença das pessoas!

Precisamos de mais provas de que o Capital é o Real de nossa vida, um Real cujos imperativos são muito mais absolutos até do que as exigências mais urgentes de nossa realidade social e natural? Foi Joseph Brodsky quem deu uma solução apropriada para a busca do misterioso "quinto elemento", o ingrediente fundamental de nossa realidade: "Além do ar, da terra, da água e do fogo, o dinheiro é a quinta força natural com que o ser humano lida com mais frequência"[57]. Se alguém tiver alguma dúvida a esse respeito, basta uma olhada rápida na recente crise financeira para dissipá-la.

No fim de 2008, um grupo de pesquisas sobre as tendências das epidemias de tuberculose na Europa oriental nas últimas décadas divulgou seus principais resultados. Depois de analisar dados de mais de vinte países, os pesquisadores de Cambridge e Yale encontraram uma correlação clara entre os empréstimos concedidos pelo FMI a esses países e o aumento dos casos de tuberculose; assim que os empréstimos eram suspensos, a epidemia regredia. A explicação dessa correlação aparentemente estranha é simples: a condição para conseguir empréstimos do FMI é que o Estado tomador tenha "disciplina financeira", isto é, reduza os gastos públicos; e a primeira vítima das medidas para restabelecer a "saúde financeira" é a saúde, ou melhor, os gastos com a saúde pública. Com isso, abre-se espaço para que os filantropos ocidentais lamentem as condições catastróficas do serviço de saúde nesses países e ofereçam ajuda na forma de caridade.

---

[57] Joseph Brodsky, *Less Than One: Selected Essays* (Nova York, Farrar Straus and Giroux, 1986), p. 157. [Ed. bras.: *Menos que um: ensaios*, São Paulo, Companhia das Letras, 1994.]

A crise financeira tornou impossível ignorar a irracionalidade gritante do capitalismo global. Comparem-se os 700 bilhões de dólares gastos somente pelos Estados Unidos para estabilizar o sistema bancário com o fato de que até agora, dos 22 bilhões de dólares prometidos pelos países mais ricos para ajudar o desenvolvimento da agricultura nos países mais pobres diante da crise de alimentos, só 2,2 bilhões foram liberados. A culpa pela crise de alimentos não pode ser lançada sobre os suspeitos de sempre, como a corrupção, a ineficiência e o intervencionismo do Estado nos países do Terceiro Mundo; ao contrário, ela depende diretamente da globalização da agricultura, como o próprio Bill Clinton deixou claro em seu discurso sobre a crise numa reunião da ONU em comemoração ao Dia Mundial da Alimentação, cujo título revelador é: "Estragamos tudo no que diz respeito à alimentação global"[58]. A essência do discurso de Clinton é que a crise contemporânea mostra que "todos nós estragamos tudo, inclusive eu, quando fui presidente", tratando o plantio de alimentos como mercadoria e não como recurso obviamente vital para os pobres do mundo. Clinton foi muito claro ao lançar a culpa não em Estados ou governos específicos, mas na política ocidental de longo prazo imposta pelos Estados Unidos e pela União Europeia, e aplicada durante décadas pelo Banco Mundial, pelo FMI e por outras instituições internacionais. Essa política pressionou os países africanos e asiáticos a abandonar os subsídios governamentais aos fertilizantes, às sementes melhoradas e aos implementos agrícolas, abrindo caminho para que as terras mais férteis fossem usadas para o cultivo de produtos para exportação e, assim, prejudicando a capacidade de autossuficiência de tais países na produção de alimentos. O resultado desse "ajuste estrutural" foi a incorporação da agricultura local na economia global: quanto mais exportavam produtos nacionais, mais esses países dependiam de alimentos importados; ao mesmo tempo, os agricultores eram expulsos de suas terras e obrigados a viver em favelas, onde o único emprego disponível era de semiescravos nas fábricas terceirizadas. Dessa maneira, muitos países são mantidos em estado de dependência pós-colonial e se tornam cada vez mais vulneráveis às flutuações do mercado; a disparada do preço dos grãos nos últimos anos (causada também pelo uso das safras para a produção de biocombustíveis e não para a alimentação) já causou fome em vários países, do Haiti à Etiópia.

Em anos recentes, essas estratégias se tornaram mais sistemáticas e seu alcance aumentou: hoje, governos e grandes empresas internacionais procuram compensar a escassez de terras aráveis em seus países formando imensas fazendas industriais em países do exterior[59]. Por exemplo, em novembro de 2008, a Daewoo Logistics, da Coreia do Sul, anunciou que havia arrendado por 99 anos cerca de 1,3 milhão de

---

[58] Como informou a Associated Press em 23 de outubro de 2008.
[59] Ver Vivienne Walt, "The Breadbasket of South Korea: Madagascar", *Time*, 23 nov. 2008.

hectares de terras agrícolas em Madagascar, o que representa quase metade da terra arável da ilha. A Daewoo planeja plantar milho em cerca de três quartos da área e usar o resto para produzir óleo de palma, *commodity* fundamental no mercado global de biocombustíveis. Mas essa é apenas a ponta do iceberg: nos últimos dois anos, várias empresas europeias arrendaram terras para o cultivo de alimentos e biocombustíveis, como a britânica Sun Biofuels, que tem plantações na Etiópia, em Moçambique e na Tanzânia para a fabricação de combustíveis. O solo fértil da África também está atraindo os países do Golfo Pérsico, ricos em petróleo, mas cujos vastos desertos os obrigam a importar a maior parte de seus alimentos. Embora não tenham dificuldade para pagar por importações, o torvelinho do mercado global de alimentos só fez incentivar esses Estados ricos a garantir fontes próprias de abastecimento.

Qual é então o incentivo para o outro lado, para os países africanos onde a fome é generalizada e cujos agricultores não têm as ferramentas básicas, os fertilizantes, o combustível e a infraestrutura de transportes necessários para cultivar seus produtos com eficiência e colocá-los no mercado? Os representantes da Daewoo afirmam que o acordo que fizeram também beneficiará Madagascar:

> [as terras que arrendaram não estão sendo usadas e,] embora a Daewoo planeje exportar o produto da terra, [...] planeja investir cerca de 6 bilhões de dólares nos próximos 20 anos na construção de portos, estradas, usinas elétricas e sistemas de irrigação, necessários para sustentar o agronegócio, e isso criará milhares de empregos para os desempregados de Madagascar. Os empregos ajudarão o povo de Madagascar a ganhar o dinheiro necessário para comprar comida, mesmo que seja importada.[60]

Assim, o círculo da dependência pós-colonial fecha-se novamente, e a dependência de alimentos só faz se exacerbar.

Não estaríamos nos aproximando aos poucos de um estado global em que a possível escassez de três recursos materiais básicos (petróleo, água e comida) se tornará o fator determinante da política internacional? A falta de comida, que se torna visível (por enquanto) em crises esporádicas aqui e ali, não seria um dos sinais do apocalipse iminente? Embora sua ocorrência seja sobredeterminada por uma miríade de fatores (o aumento da demanda em países de desenvolvimento rápido, como Índia e China, quebra de safras devida a perturbações naturais, uso de grande parte da terra arável dos países do Terceiro Mundo para produtos de exportação, emprego de grãos para fins determinados pelo mercado, como o biocombustível etc.), parece claro que essa não é uma questão de curto prazo que pode ser superada rapidamente com a regulação adequada do mercado, mas sim o sinal de um problema de longo prazo impossível

---

[60] Idem.

de resolver por meio da economia de mercado. Alguns defensores da nova ordem mundial ressaltam que, em si, a falta de comida é indicadora de progresso material, já que a população dos países do Terceiro Mundo em rápido desenvolvimento está ganhando mais e, dessa maneira, pode comer mais. Ainda assim, o problema é que essa nova demanda de alimentos leva milhões de pessoas a passar fome nos países que não apresentam esse crescimento econômico rápido.

O mesmo não se aplicaria à futura crise energética e à escassez de água que vêm se agigantando? Para abordar de maneira adequada esses problemas, será necessário inventar novas formas de ação coletiva em grande escala; nem as formas-padrão de intervenção estatal nem as tão louvadas formas de auto-organização local estarão à altura da tarefa. Se tais problemas não forem resolvidos de alguma forma, a situação mais provável será uma nova era de *apartheid*: partes segregadas do mundo, abundantes em comida, água e energia, se isolarão do caótico "outro lado", caracterizado pelo caos generalizado, pela fome e pela guerra permanente. O que os habitantes do Haiti e de outras regiões afetadas pela escassez de comida deveriam fazer? Eles não têm todo o direito à rebelião violenta? Mais uma vez, o comunismo bate à porta.

Clinton está certo ao dizer que "os alimentos não são uma mercadoria como as outras. Deveríamos voltar à política de máxima autossuficiência de alimentos. É loucura pensar que podemos desenvolver países pelo mundo afora sem aumentar sua capacidade de se alimentar". Entretanto, há aqui pelo menos dois pontos a acrescentar. Em primeiro lugar, como já observamos em relação ao Mali, enquanto impõem uma agricultura globalizada aos países do Terceiro Mundo, os países desenvolvidos do Ocidente tomam o máximo cuidado para manter *sua própria* autossuficiência, subsidiando seus agricultores etc. (Recordemos que os subsídios concedidos aos agricultores representam mais da metade do orçamento da União Europeia; o Ocidente nunca abandonou a "política de máxima autossuficiência de alimentos"!) Em segundo lugar, é preciso observar que a lista de produtos e serviços que, como a comida, não são "mercadorias como as outras" é muito maior e abrange não só a defesa (como sabem todos os "patriotas"), como também, e acima de tudo, água, energia, meio ambiente, cultura, educação e saúde... Nesse caso, quem vai decidir as prioridades e como, se tais decisões não podem ser deixadas para o mercado? É aqui que devemos voltar a levantar a questão do comunismo.

2.
A HIPÓTESE COMUNISTA

O novo cercamento das áreas comuns

Em 1922, depois que os bolcheviques, contrariando todas as probabilidades, venceram a Guerra Civil e tiveram de se recolher na "nova política econômica" (NPE), o que deu espaço muito maior à economia de mercado e à propriedade privada, Lenin escreveu um pequeno texto intitulado "Sobre a subida de uma alta montanha". Ele usa a comparação com o alpinista que tem de retornar ao vale após uma primeira tentativa frustrada de atingir mais um pico da montanha para descrever o que significa recuar no processo revolucionário. A pergunta é: como se realiza tal recuo sem cometer uma traição oportunista contra a fidelidade à Causa? Depois de enumerar as conquistas e os fracassos do Estado soviético, Lenin conclui: "Os comunistas, que não têm ilusões, não dão espaço para o desânimo e conservam a força e a flexibilidade para 'começar desde o princípio' repetidas vezes diante de uma tarefa difícil, não estão condenados (e muito provavelmente não perecerão)"[1]. Esse é Lenin em sua melhor forma beckettiana, fazendo eco à frase de *Pioravante marche**: "Tente de novo. Erre de novo. Erre melhor". Sua conclusão – "começar do princípio repetidas vezes" – deixa claro que ele não está falando apenas de retardar o progresso para fortalecer o que já se conseguiu, mas, de modo mais radical, *voltar ao ponto de partida*: é preciso "começar do princípio", não do pico que se conseguiu atingir na tentativa anterior.

Em termos kierkegaardianos, o processo revolucionário não envolve um progresso gradual, mas um movimento repetitivo, um movimento de *repetir o princípio* várias vezes. É exatamente onde nos encontramos hoje, depois do "desastre obscuro" de

---

[1] V. I. Lenin, "Notes of a Publicist: on Ascending a High Mountain...", em *Collected Works* (Moscou, Progress Publishers, 1965), v. 33, p. 204-11.

* Samuel Beckett, *Pioravante Marche* (Lisboa, Gradiva, 1988). (N. E.)

1989, do fim definitivo da época que se iniciou com a Revolução de Outubro. E é por essa razão que devemos rejeitar qualquer noção de continuidade com o que a esquerda significou nos últimos dois séculos. Embora momentos sublimes como o clímax jacobino da Revolução Francesa e a Revolução de Outubro permaneçam para sempre como parte fundamental de nossa memória, o arcabouço geral tem de ser superado e tudo deve ser repensado, a partir do zero. E, sem dúvida, esse começo é o que Badiou chama de "hipótese comunista":

> A hipótese comunista continua a ser a hipótese certa, como eu disse, e não vejo outra. Se essa hipótese tiver de ser abandonada, então não vale a pena fazer mais nada na ordem da ação coletiva. Sem a perspectiva do comunismo, sem essa Ideia, nada, no futuro histórico e político, será do tipo que interesse ao filósofo. Cada indivíduo pode cuidar de sua vida e não falamos mais nisso. [...] Mas apegar-se à Ideia, à existência da hipótese, não significa que sua primeira forma de apresentação, focada na propriedade e no Estado, deva ser mantida exatamente como é. Na verdade, o que recebemos como tarefa filosófica, até como dever, poderíamos dizer, é ajudar uma nova modalidade de existência da hipótese a vir a ser. Nova em termos de tipo de experimentação política a que essa nova hipótese poderia dar origem.[2]

Devemos ter cuidado para não ler essas linhas de maneira kantiana, concebendo o comunismo como "Ideia reguladora" e ressuscitando, portanto, o fantasma de um "socialismo ético", que considera a igualdade seu axioma-norma *a priori*. Devemos antes manter a referência precisa a um conjunto de antagonismos sociais reais que geram a necessidade de comunismo – a noção de comunismo de Marx, não como ideal, mas como movimento que reage a esses antagonismos, ainda é totalmente relevante. No entanto, se concebermos o comunismo como "Ideia eterna", isso implicará que a situação que o gera é igualmente eterna, isto é, que o antagonismo ao qual o comunismo reage sempre existirá. Daí, basta um pequeno passo para a leitura "desconstrutiva" do comunismo como um sonho de presença, de abolição de qualquer representação alienada, um sonho que se alimenta da própria impossibilidade. Então, como romper esse formalismo para formular antagonismos que continuem a gerar a Ideia comunista? Onde procurar o novo modo dessa Ideia?

É fácil zombar da noção de "fim da história" de Fukuyama, mas hoje a maioria das pessoas *é* fukuyamista e aceita o capitalismo democrático-liberal como a fórmula que finalmente encontramos para a melhor sociedade possível, de modo que o máximo que podemos fazer é torná-la mais justa, mais tolerante etc. Aqui, surge uma pergunta simples mas pertinente: se o capitalismo democrático-liberal funciona obviamente melhor do que todas as alternativas conhecidas, se o capitalismo democrático-liberal, se não é a melhor forma de sociedade, pelo menos é a menos pior, por que simplesmente

---
[2] Alain Badiou, *The Meaning of Sarkozy* (Londres, Verso, 2008), p. 115.

não nos resignamos, como adultos que somos, e o aceitamos de todo o coração? Por que insistimos, contra qualquer esperança, na ideia comunista? Essa insistência não seria um caso exemplar de narcisismo da causa perdida? E esse narcisismo não estaria por trás da atitude predominante dos esquerdistas acadêmicos que esperam que um teórico lhes diga o que fazer? Querem desesperadamente se engajar, mas, como não sabem fazer isso de maneira eficaz, aguardam a resposta de algum teórico. É claro que, em si, essa atitude é falsa, com se uma teoria fosse capaz de fornecer a fórmula mágica que resolva o impasse prático. Aqui, a única resposta correta é que, se não sabemos o que fazer, então ninguém pode nos dizer e a causa está irremediavelmente perdida.

Esse impasse não tem nada de novo. O grande problema que definiu o marxismo ocidental foi a falta de um sujeito ou agente revolucionário. Por que a classe operária não completa a passagem do em-si para o para-si e se constitui como agente revolucionário? Esse problema foi a principal motivação para a volta da psicanálise, evocada precisamente para explicar os mecanismos libidinais inconscientes que impediam o surgimento da consciência de classe, mecanismos inscritos no próprio ser (situação social) da classe operária. Dessa maneira, a verdade da análise socioeconômica marxista poderia ser salva e não haveria necessidade de render-se às teorias "revisionistas" sobre a ascensão da classe média. Pela mesma razão, o marxismo ocidental também se dedicou à busca constante de outros agentes sociais que pudessem desempenhar o papel de sujeito revolucionário, como suplentes que fizessem as vezes da classe operária indisposta: camponeses do Terceiro Mundo, estudantes, intelectuais, excluídos...

O fracasso da classe operária como sujeito revolucionário já está no próprio âmago da revolução bolchevique: o talento de Lenin está na capacidade de perceber o "potencial de fúria" dos camponeses desapontados. A Revolução de Outubro ocorreu sob a bandeira da "terra e paz", direcionada à vasta maioria camponesa, e aproveitava o breve momento de insatisfação radical. Lenin já pensava assim uma década antes e, por isso, ficou tão horrorizado com a possibilidade de sucesso da reforma agrária de Stolypin, que visava criar uma classe nova e mais forte de agricultores independentes. Tinha certeza de que, se Stolypin fosse bem-sucedido, a oportunidade da revolução se perderia por décadas.

Todas as revoluções socialistas bem-sucedidas, de Cuba à Iugoslávia, seguiram o mesmo modelo: aproveitaram a oportunidade surgida de uma situação extrema e decisiva, cooptando o desejo de libertação nacional ou outras formas de "capital de fúria". É claro que um partidário da lógica da hegemonia ressaltaria aqui que essa é a lógica "normal" da revolução, que só se consegue "massa crítica" exatamente por meio de uma série de equivalências entre demandas múltiplas, uma série que é sempre radicalmente contingente e dependente de um conjunto de circunstâncias único e específico. Nunca ocorre uma revolução quando todos os antagonismos se fundem num Grande Um, apenas quando combinam seu poder de forma sinérgica. Mas aqui o problema é mais complexo: a questão não é só que a revolução não viaja mais no trem da História, obedecendo a suas Leis, já que não existe mais História, já que a história é um processo aberto e contingente. O problema é outro. É como se *houvesse* uma Lei da História, uma linha de evolução histórica mais ou menos clara e predominante, mas a revolução só pudesse ocorrer em seus interstícios, "contra a corrente". Os revolucionários têm de esperar pacientemente o momento (em geral muito breve) em que o sistema esteja funcionando mal ou desmoronando, aproveitar a oportunidade para tomar o poder – que naquele momento está nas ruas, por assim dizer – e em seguida fortalecer seu domínio, aperfeiçoando os aparelhos repressivos etc., para que, quando o momento de confusão acabar e a maioria recobrar a sobriedade apenas para se decepcionar com o novo regime, seja tarde demais para reverter a situação, porque os revolucionários estão firmemente entrincheirados.

A ex-Iugoslávia comunista é um caso típico: durante toda a Segunda Guerra Mundial, os comunistas hegemonizaram impiedosamente a resistência contra as forças de ocupação alemãs, monopolizando seu papel na luta antifascista com o intuito de destruir as forças de resistência alternativas ("burguesas") e, ao mesmo tempo, negando a natureza comunista da luta (os que levantaram a suspeita de que os comunistas planejavam tomar o poder e fomentar a revolução ao término da guerra foram logo acusados de espalhar propaganda inimiga). Depois da guerra, assim que os comunistas tomaram todo o poder, as coisas mudaram rapidamente e o regime exibiu sua verdadeira natureza comunista. Apesar de genuinamente populares até mais ou menos 1946, os comunistas fraudaram quase à vista de todos as eleições gerais daquele ano. Quando lhes perguntavam por quê, já que poderiam ter vencido do mesmo modo em eleições livres, respondiam (em particular, é claro) que era verdade, mas que perderiam as eleições *seguintes*, quatro anos depois, por isso era melhor deixar bem claro que tipo de eleição estavam dispostos a admitir. Em resumo, sabiam muito bem que uma oportunidade única os levara ao poder. Desde o início, portanto, tiveram em conta a consciência do fracasso histórico dos comunistas, que nunca conseguiram tomar e manter no longo prazo uma hegemonia genuína, baseada no apoio popular.

Portanto, mais uma vez, não basta se manter fiel à Ideia comunista; é preciso localizar dentro da realidade histórica antagonismos que deem urgência prática a essa Ideia. A única pergunta *verdadeira* hoje é: endossamos a "naturalização" predominante do capitalismo ou o capitalismo global contemporâneo contém antagonismos suficientemente fortes para impedir sua reprodução indefinida? Há quatro desses antagonismos: a ameaça crescente de catástrofe *ecológica*; a inadequação da noção de *propriedade privada* em relação à chamada "propriedade intelectual"; as implicações socioéticas da *nova evolução tecnocientífica* (em especial na biogenética); e, não menos importante, a criação de *novas formas de apartheid*, os novos muros e favelas. Há uma diferença qualitativa entre esse último antagonismo – a lacuna que separa os excluídos dos incluídos – e os outros três, que designam aspectos diferentes do que Hardt e Negri chamam de "áreas comuns", a substância compartilhada de nosso ser social cuja privatização é um ato violento ao qual deveríamos resistir também com meios violentos, se necessário:

- *as áreas comuns da cultura*, as formas imediatamente socializadas de capital "cognitivo", sobretudo a linguagem, nosso meio de comunicação e educação, mas também a infraestrutura compartilhada de transporte público, eletricidade, correio etc.;
- *as áreas comuns da natureza externa*, ameaçadas pela poluição e pela exploração (do petróleo às florestas tropicais e ao próprio *habitat* natural);
- *as áreas comuns da natureza interna* (a herança biogenética da humanidade); com a nova tecnologia biogenética, a criação do novo homem, no sentido literal de mudar a natureza humana, torna-se uma possibilidade realista.

O que as lutas em todos esses domínios têm em comum é a consciência do potencial para a destruição, até e inclusive a autoaniquilação da própria humanidade, caso se dê rédea solta à lógica capitalista de cercar e fechar tais áreas comuns. Nicholas Stern estava certo ao caracterizar a crise climática como "o maior fracasso de mercado da história humana"[3]. Assim, quando Kishan Khoday, gerente de projetos da ONU, diz que "há um espírito crescente de cidadania ambiental global, um desejo de encarar as mudanças climáticas como uma questão comum a toda a humanidade"[4], deveríamos dar todo o peso às expressões "cidadania global" e "questão comum", isto é, à necessidade de criar uma organização política global que, neutralizando e canalizando os mecanismos do mercado, exprima um ponto de vista propriamente comunista.

É a referência às "áreas comuns" que justifica o ressuscitamento da noção de comunismo: ela nos permite ver o "cercamento" progressivo das áreas comuns como um processo de proletarização dos que, assim, são excluídos de sua própria substância. Sem dúvida não devemos abandonar a noção do proletariado nem a da posição proletária; ao contrário, a conjuntura atual nos compele a radicalizá-la a um nível existencial muito além da imaginação de Marx. Precisamos de uma noção mais radical do sujeito proletário, um sujeito reduzido ao ponto evanescente do *cogito* cartesiano.

Por essa razão, a nova política emancipatória não brotará mais de um agente social em particular, mas da combinação explosiva de diversos agentes. O que nos une é que, em contraste com a imagem clássica do proletariado que "não tem nada a perder, a não ser os grilhões", corremos o risco de perder *tudo*: a ameaça é que sejamos reduzidos a sujeitos abstratos vazios de todo conteúdo substancial, despossuídos de nossa substância simbólica, nossa base genética fortemente manipulada, vegetando num ambiente inóspito. Essa tripla ameaça ao nosso ser inteiro transforma todos nós

---

[3] Citado na revista *Time*, 24 dez. 2007, p. 2.
[4] Idem.

em proletários, reduzidos à "subjetividade sem substância", como explicou Marx nos *Grundrisse**. O desafio ético-político é nos reconhecermos nessa imagem; de certo modo, somos todos excluídos, tanto da natureza quanto de nossa substância simbólica. Hoje, somos todos potencialmente *homo sacer*, e a única maneira de impedir que isso se torne realidade é agir de modo preventivo.

Se soa apocalíptico, só podemos retorquir que vivemos numa época apocalíptica. É fácil ver que cada um dos três processos de proletarização se refere a um ponto final apocalíptico: colapso ecológico, redução biogenética dos seres humanos a máquinas manipuláveis, controle digital total de nossa vida... Em todos esses níveis, a situação caminha para o ponto zero; "o fim dos tempos está próximo..." Eis a descrição de Ed Ayres: "Estamos diante de algo tão completamente fora de nossa experiência coletiva que não o vemos de fato, nem quando a evidência é avassaladora. Para nós, esse 'algo' é uma *blitz* com enormes alterações físicas e biológicas no mundo que vem nos sustentando"[5].

No nível geológico e biológico, Ayres enumera quatro "picos" (crescimentos acelerados) que, como assíntotas, se aproximam do ponto zero em que a expansão quantitativa chega a um limite e ocorre então uma mudança qualitativa. Os "picos" são o crescimento populacional, o consumo de recursos finitos, a emissão de gás carbônico e a extinção em massa das espécies. Para enfrentar tais ameaças, a ideologia dominante vem utilizando mecanismos de dissimulação e autoengano que incluem o desejo de ignorância: "um padrão geral de comportamento entre as sociedades ameaçadas é tornar-se mais tacanhas, em vez de mais centradas na crise, à medida que decaem". O mesmo acontece com a atual crise econômica: no fim da primavera de 2009, ela foi "renormalizada" – o pânico se dissipou, a situação foi proclamada como "melhorando" ou, pelo menos, os danos foram dados como controlados (é claro que o preço dessa "recuperação" nos países do Terceiro Mundo é raramente mencionado), constituindo, portanto, um aviso ameaçador de que a verdadeira mensagem da crise foi ignorada e que podemos relaxar e continuar nossa longa marcha rumo ao apocalipse.

O apocalipse é caracterizado por um modo de tempo específico, claramente oposto aos dois outros modos predominantes: o tempo circular tradicional (tempo ordenado e regulado por princípios cósmicos, que reflete a ordem da natureza e dos céus; a forma--tempo em que o microcosmo e o macrocosmo ressoam em harmonia) e o tempo linear moderno de progresso ou desenvolvimento gradual. O tempo apocalíptico é o "tempo do fim dos tempos", o tempo da emergência, do "estado de exceção", em que o fim está próximo e a única coisa que podemos fazer é nos preparar para ele. Hoje, há pelo menos quatro versões de apocaliptismo: o fundamentalismo cristão, a

---

*   Supervisão editorial de Mario Duayer, São Paulo, Boitempo, 2011. (N. E.)
[5]   Ed Ayres, "Why Are We Not Astonished", *World Watch*, v. 12, maio 1999.

espiritualidade da Nova Era, o pós-humanismo tecnodigital e o ecologismo secular. Embora tenham em comum a noção básica de que a humanidade se aproxima do ponto zero da transmutação radical, suas respectivas ontologias diferem radicalmente. O apocaliptismo tecnodigital (cujo principal representante é Ray Kurzweil) mantém-se nos limites do naturalismo científico e percebe, na evolução da espécie humana, os contornos de nossa transformação em "pós-humanos". A espiritualidade da Nova Era dá outra ênfase a essa transmutação, interpretando-a como a passagem de um modo de "consciência cósmica" a outro (em geral uma mudança da postura dualista e mecanicista moderna para outra de imersão holística). É claro que os fundamentalistas cristãos leem o apocalipse em termos estritamente bíblicos, isto é, buscam (e encontram) no mundo contemporâneo sinais de que a batalha final entre Cristo e o Anticristo é iminente. Finalmente, o ecologismo secular compartilha com o pós-humanismo a postura naturalista, mas dá a ela uma ênfase negativa: o que está à frente, o "ponto ômega" do qual nos aproximamos, não é um avanço para um nível "pós-humano" mais elevado, mas a autodestruição catastrófica da humanidade. Embora o apocaliptismo fundamentalista cristão seja considerado o mais ridículo e perigoso em seu conteúdo, continua a ser a versão mais próxima da lógica emancipatória "milenarista" radical. A tarefa é, portanto, pô-lo em contato íntimo com o ecologismo secular, de modo que a ameaça de aniquilação seja concebida como oportunidade de renovação emancipatória radical.

Socialismo ou comunismo?

Contudo, essa proletarização apocalíptica é inadequada se quisermos merecer o nome de "comunistas". O cercamento das áreas comuns que vem ocorrendo diz respeito tanto à relação das pessoas com as condições objetivas de seus processos de vida quanto à relação entre as próprias pessoas: as áreas comuns são privatizadas à custa da maioria proletarizada. Mas há uma lacuna entre esses dois tipos de relação: as áreas comuns podem ser devolvidas à humanidade coletiva sem comunismo, num regime comunitário-autoritário; do mesmo modo, o sujeito sem substância, "desenraizado", privado de conteúdo, também pode ser contrabalançado de maneiras que tendem para o comunitarismo, em que o sujeito encontra seu lugar adequado numa nova comunidade concreta. Nesse sentido exato, o título antissocialista de Negri, *Adeus, sr. Socialismo**, estava certo: o comunismo tem de se opor ao socialismo, que, no lugar do coletivo igualitário, oferece uma comunidade orgânica (o nazismo era nacional--socialismo, não nacional-comunismo). Em outras palavras, embora possa haver um antissemitismo socialista, não pode haver uma forma comunista. (Quando parece que

---
* Ed. port.: Porto, Ambar, 2007. (N.E.)

pode, como nos últimos anos de Stalin, é apenas como indicação da falta de fidelidade ao evento revolucionário.) Eric Hobsbawm publicou recentemente uma coluna com o título: "O socialismo fracassou, o capitalismo está falido. O que vem depois?". A resposta é: o comunismo. O socialismo quer resolver os três primeiros antagonismos sem abordar o quarto, sem a universalidade singular do proletariado. A única maneira de o sistema capitalista global sobreviver a seu antagonismo de longo prazo e, ao mesmo tempo, evitar a solução comunista é reinventando algum tipo de socialismo – sob o disfarce de comunitarismo, populismo, capitalismo de valores asiáticos ou alguma outra configuração. Portanto, o futuro será comunista... ou socialista.

Como explicou Michael Hardt, se o capitalismo representa a propriedade privada e o socialismo, a propriedade estatal, o comunismo representa o fim da propriedade como tal nas áreas comuns[6]. O socialismo é o que Marx chamou de "comunismo vulgar", em que temos apenas o que Hegel chamaria de negação abstrata da propriedade, isto é, a negação da propriedade dentro do campo da propriedade – é a "propriedade privada universalizada". Daí que o título da matéria de capa da *Newsweek* de 18 de fevereiro de 2009, "Agora somos todos socialistas", e o subtítulo, "Em vários aspectos, nossa economia já parece europeia", justificam-se inteiramente, se entendidos de maneira adequada: até nos Estados Unidos, bastião do liberalismo econômico, o capitalismo tem de reinventar o socialismo para se salvar[7]. A ironia do fato de que esse processo de vir a "parecer europeu" ainda seja caracterizado pela previsão de que "nós [nos Estados Unidos] seremos ainda mais franceses" não deixa de espantar o leitor. Afinal de contas, Sarkozy foi eleito presidente francês com a promessa de acabar finalmente com a tradição de bem-estar social do socialismo europeu e adotar o modelo liberal anglo-saxão; no entanto, o próprio modelo que ele se propôs a imitar está retornando justamente àquilo de que ele queria se afastar: o caminho supostamente desacreditado da intervenção estatal em grande escala na economia. O tão vilipendiado "modelo social" europeu, considerado ineficiente e desatualizado sob as condições do capitalismo pós-moderno, teve sua vingança. Mas não há motivo para alegria: o socialismo não deve mais ser concebido como a infame "fase inferior" do comunismo, porque é seu verdadeiro concorrente, sua maior ameaça. (Talvez tenha chegado a hora de recordar que, durante o século XX, a social-democracia foi um instrumento utilizado para frustrar a ameaça comunista ao capitalismo.) Portanto, o complemento do título de Negri deveria ser: *Adeus, sr. Socialismo... e bem-vindo, camarada Comunismo*!

A fidelidade comunista à posição proletária envolve então a rejeição nada ambígua de todas as ideologias que insinuam o retorno a algum tipo de unidade substancial anterior à queda do homem. Em 28 de novembro de 2008, Evo Morales, presidente

---

[6] Em sua participação na conferência "The Idea of Communism", Birkbeck College, Londres, 13-15 mar. 2009.
[7] Jon Meacham e Evan Thomas, "We Are All Socialists Now", *Newsweek*, 16 fev. 2009.

da Bolívia, divulgou uma carta aberta sobre o assunto: "Mudança climática: salvem o planeta do capitalismo". Estas são suas declarações iniciais:

> Irmãs e irmãos, hoje, nossa Mãe Terra está doente. [...] Tudo começou com a Revolução Industrial de 1750, que deu origem ao sistema capitalista. Em dois séculos e meio, os países ditos "desenvolvidos" consumiram grande parte dos combustíveis fósseis criados durante 5 milhões de séculos. [...] A concorrência e a sede de lucro sem limites do sistema capitalista estão destruindo o planeta. Sob o capitalismo, não somos seres humanos, mas consumidores. Sob o capitalismo, a Mãe Terra não existe, só matérias-primas. O capitalismo é a fonte das assimetrias e dos desequilíbrios do mundo.[8]

A política praticada pelo governo de Morales, na Bolívia, está na vanguarda avançada da luta progressista contemporânea. Ainda assim, o trecho recém-citado mostra com dolorosa clareza suas limitações ideológicas (pelas quais sempre se paga o preço na prática). Morales baseia-se, de maneira simplista, na narrativa da queda que ocorreu num momento histórico preciso: "Tudo começou com a Revolução Industrial de 1750..." – e, como é previsível, essa queda consiste em perder as raízes que temos na Mãe Terra: "Sob o capitalismo, a Mãe Terra não existe". (A isso, ficamos tentados a acrescentar que, se há uma coisa boa no capitalismo, é exatamente que hoje a Mãe Terra não existe mais.) "O capitalismo é a fonte das assimetrias e dos desequilíbrios do mundo", o que significa que nossa meta deveria ser recuperar o equilíbrio e a simetria "naturais". Portanto, o que está sendo atacado é o próprio processo que deu origem à subjetividade moderna e que obscurece a cosmologia sexualizada tradicional da Mãe Terra (e do Pai Céu), juntamente com a ideia de que nossas raízes estão na ordem "materna" e concreta da natureza.

Então, fidelidade à Ideia comunista significa que, como disse Arthur Rimbaud, *il faut être absolument moderne* – temos de nos manter resolutamente modernos e rejeitar a generalização superficial pela qual a crítica do capitalismo se transforma em crítica da "razão instrumental" ou da "civilização tecnológica moderna". É por isso que devemos insistir na diferença qualitativa entre o quarto antagonismo – a lacuna que separa os excluídos dos incluídos – e os outros três: só essa referência aos excluídos é que justifica o uso da palavra comunismo. Não há nada mais "privado" que uma comunidade estatal que percebe os excluídos como ameaça e se preocupa em mantê-los a uma distância adequada.

Assim, na série de quatro antagonismos, aquele entre os incluídos e os excluídos é o mais importante. Sem ele, todos os outros perdem seu aspecto subversivo; a

---

[8] Evo Morales, "Climate Change: Save the Planet from Capitalism". Disponível em: <http://climateandcapitalism.com>. [Em espanhol: "Cambio climático: salvemos el planeta del capitalismo". Disponível em: <http://www.deudaecologica.org/Deuda-de-carbono-y-cambio-climatico/BOLIVIA-EVO-MORALES-Cambio-climatico-Salvemos-al-planeta-del-capitalismo.html>.

ecologia se transforma em problema de desenvolvimento sustentável, a propriedade intelectual em desafio jurídico complexo, e a biogenética em questão ética. Podemos lutar sinceramente para preservar o meio ambiente, defender uma noção mais ampla de propriedade intelectual e nos opor ao *copyright* dos genes sem jamais confrontar o antagonismo entre incluídos e excluídos. Além disso, podemos até formular certos aspectos dessas lutas em termos de incluídos sendo ameaçados por excluídos poluidores. Chegamos, assim, não à verdadeira universalidade, mas apenas a preocupações "privadas" no sentido kantiano da palavra. Grandes empresas, como a Whole Foods e a Starbucks, continuam a gozar da preferência dos liberais, apesar de ambas se dedicarem a atividades antissindicais; o truque é vender produtos com um revestimento progressista. Tomar café feito com grãos comprados a preços acima do mercado, usar carro híbrido, comprar de empresas que dão benefícios a funcionários e clientes (de acordo com o padrão da própria empresa) etc. Em resumo, sem o antagonismo entre incluídos e excluídos, podemos acabar num mundo em que Bill Gates seja o grande filantropo no combate à pobreza e às doenças e Rupert Murdoch o grande ambientalista que mobiliza centenas de milhões de pessoas com seu império midiático.

Há outra diferença muito importante entre os três primeiros antagonismos e o quarto: os três primeiros dizem respeito, de fato, a questões ligadas à *sobrevivência* da humanidade (econômica, antropológica e até física), mas o quarto, em última análise, é uma questão de *justiça*. Se a humanidade não resolver a difícil situação ecológica, podemos todos morrer; mas podemos muito bem imaginar uma sociedade capaz de resolver os três primeiros antagonismos por meio de medidas autoritárias que não só mantenham, como fortaleçam as hierarquias, as divisões e as exclusões sociais existentes. Em lacanês, trata-se aqui da lacuna que separa a série de significantes comuns (S_2) do Significante-Mestre (S_1), isto é, de uma luta por hegemonia: que polo do antagonismo entre incluídos e excluídos "hegemonizará" os outros três? Não podemos mais confiar na velha lógica marxista da "necessidade histórica", que afirma que os três primeiros problemas só se resolverão quando a luta de "classes" fundamental entre excluídos e incluídos for vencida – a lógica de que "só a superação das distinções de classe pode realmente resolver a difícil situação ecológica". Há uma característica comum aos quatro antagonismos: o processo de proletarização, de redução dos agentes humanos a sujeitos puros privados de substância; contudo, essa proletarização funciona de várias maneiras. Nos três primeiros casos, priva os agentes do conteúdo substancial; no quarto, é o fato formal de excluir certos personagens do espaço político-social. Deveríamos ressaltar essa estrutura 3 + 1, ou seja, o reflexo da tensão externa entre sujeito e substância ("homem" privado de sua substância) dentro do coletivo humano. Há sujeitos que, dentro do coletivo humano, personificam diretamente a posição proletária da subjetividade sem substância. Por isso, a aposta comunista é que a única maneira de resolver o problema "externo" (a reapropriação da substância alienada) é transformar radicalmente as relações (sociais) intersubjetivas.

É crucial, portanto, insistir na Ideia emancipatória igualitário-comunista, e insistir num sentido marxiano muito preciso: há grupos sociais que, por não ter lugar determinado na ordem "privada" da hierarquia social, representam diretamente a universalidade; são o que Rancière chama de "parte de parte alguma" do corpo social. Toda política verdadeiramente emancipatória é gerada pelo curto-circuito entre a universalidade do "uso público da razão" e a universalidade da "parte de parte alguma"; esse já era o sonho comunista do jovem Marx: unir a universalidade da filosofia à universalidade do proletariado. Desde a Grécia Antiga, temos um nome para a intrusão dos excluídos no espaço político-social: democracia. A questão, hoje, é se "democracia" ainda é um nome adequado para essa explosão igualitária. Aqui, as duas posições extremas são, de um lado, a rejeição apressada da democracia como mera forma ilusória da aparência de seu oposto (dominação de classe) e, de outro, a afirmação de que a democracia que temos, a democracia real, é uma distorção da verdadeira democracia, na linha da famosa resposta de Gandhi ao jornalista britânico que lhe perguntou sobre a civilização ocidental: "É uma boa ideia. Talvez devêssemos colocá-la em prática!". É óbvio que o debate que se move entre esses dois extremos é abstrato demais: o que precisamos tratar é da questão de como a democracia se relaciona com a dimensão de universalidade personificada nos excluídos.

Esse foco nos muros que separam os excluídos dos incluídos pode ser facilmente confundido com a volta clandestina ao tópico liberal-tolerante-multicultural da "abertura" ("ninguém deveria ficar de fora, todas as minorias, todos os estilos de vida etc. deveriam ter permissão de entrar") à custa de uma noção propriamente marxista de antagonismo social. Também pode ser criticado, a partir da perspectiva "pós-moderna" oposta, por marcar uma regressão teórica a uma oposição ingênua entre excluídos e incluídos que ignora o complexo aparelho "micropolítico" de controle e regulação social analisado por Foucault. Peter Hallward faz uma crítica semelhante em resposta à noção de Badiou de invisibilidade, de "não servir para nada", do elemento sintomal do edifício social (a "parte de parte alguma" de Rancière):

> O trabalho político prático preocupa-se com mais frequência com pessoas ou situações que não são tão invisíveis ou despercebidas quanto vistas de maneira insuficiente ou errada; não é que não sirvam para nada, mas para muito pouco. Não são simplesmente excluídas, mas oprimidas e exploradas. Essa diferença envolve mais do que nuances. Como já defenderam várias gerações de pensadores emancipatórios, as formas modernas de poder não excluem nem proíbem em primeiro lugar, antes modulam, guiam ou aprimoram o comportamento e as normas que levam ao *status quo*; o modelo de poder que parece configurar tacitamente a obra recente de Badiou, ao contrário, ainda parece pré-datar Foucault, para não dizer Gramsci.[9]

---

[9] Peter Hallward, "Order and Event", *New Left Review*, n. 53, set.-out. 2008, p. 104.

Mesmo assim, nessa escolha de "Badiou *versus* Foucault", é preciso insistir numa dimensão ignorada pela abordagem foucaultiana, uma dimensão em que a noção de invisibilidade de Badiou se concentra. Isso quer dizer que, na noção foucaultiana de poder produtivo, um poder que trabalha não de forma exclusivista, mas de maneira capacitadora/regulatória, não há espaço para a noção de Badiou de ponto de incoerência (ou "torção sintomal") de uma situação, aquele elemento de uma situação para o qual não há lugar apropriado na (dentro da) situação – não por razões acidentais, mas porque seu deslocamento/exclusão é constitutivo da própria situação. Vejamos o caso do proletariado: é claro que a classe operária é "visível" de várias maneiras no mundo capitalista (como aqueles que vendem espontaneamente sua força de trabalho no mercado, como ralé em potencial, como criados fiéis e disciplinados dos empresários capitalistas etc.). Entretanto, nenhum desses modos de visibilidade inclui o papel sintomal do proletariado como "parte de parte alguma" do universo capitalista. A "invisibilidade" de Badiou é, portanto, o anverso da visibilidade dentro do espaço ideológico hegemônico, é o que tem de permanecer invisível para que o visível possa ser visível. Ou, explicando de modo mais tradicional, o que a abordagem foucaultiana não consegue compreender é a noção de um elemento sintomal de duas caras, das quais uma é um acidente marginal de uma situação e a outra é (para representar) a verdade dessa mesma situação. Da mesma maneira, é claro, os "excluídos" são visíveis, no sentido exato de que, paradoxalmente, *sua própria exclusão é o modo de sua inclusão*: seu "lugar apropriado" no corpo social é o da exclusão (da esfera pública).

Por isso, Lacan afirmou que Marx já inventara a noção (freudiana) de sintoma: tanto para Marx quanto para Freud, o caminho para a verdade de um sistema (da sociedade, da psique) passa pelo que aparece necessariamente como uma distorção "patológica", marginal e acidental desse sistema: lapsos, sonhos, sintomas, crises econômicas. Portanto, o inconsciente freudiano é "invisível" de maneira exatamente homóloga, e é por essa razão que não há lugar para ele no edifício de Foucault. É por isso que a rejeição de Foucault ao que chama de "hipótese de repressão" freudiana – a noção dos discursos de poder regulatórios que geram a sexualidade no ato mesmo de descrevê-la e regulá-la – não percebe a questão (freudiana). Freud e Lacan sabiam muito bem que não há repressão sem o retorno do recalcado, sabiam muito bem que o discurso repressor gera aquilo que ele reprime. Entretanto, o que esse discurso reprime não é o que parece reprimir, não o que ele mesmo toma como o X ameaçador que ele tenta controlar. As figuras de "sexualidade" que retrata como ameaça que deve ser controlada – como a figura da Mulher, cuja sexualidade descontrolada é uma ameaça à ordem masculina – são mistificações fantasmáticas. O que esse discurso "reprime" é antes (entre outras coisas) sua contaminação pelo que tenta controlar – digamos, o modo como o sacrifício da sexualidade sexualiza o próprio sacrifício, ou a maneira como o esforço de controlar a sexualidade sexualiza essa mesma atividade controladora. Está claro, então, que a sexualidade não é "invisível", mas controlada e regulada. O que é "invisível" é a sexualização desse mesmo trabalho de controle: não o objeto fugidio que tentamos controlar, mas o modo de nossa participação dentro dele.

Os liberais que reconhecem os problemas dos excluídos dos processos político--sociais formulam seu objetivo como inclusão daqueles cuja voz não é ouvida: devemos ouvir todas as posições, levar em conta todos os interesses, garantir os direitos humanos de todos, respeitar todos os modos de vida, culturas, práticas etc. A obsessão desse discurso democrático é a proteção de todos os tipos de minorias: culturais, religiosas, sexuais e *tutti quanti*. A fórmula da democracia é a negociação paciente e o compromisso. Aqui, o que se perde é a posição proletária, a posição de universalidade personificada nos excluídos. É por isso que, num exame mais atento, fica claro que o que Hugo Chávez está fazendo na Venezuela difere marcadamente da forma-padrão de inclusão liberal: Chávez não está incluindo os excluídos num arcabouço democrático-liberal preexistente; ao contrário, está tomando os moradores "excluídos" das favelas como *base* e depois reorganizando o espaço político e as formas políticas de organização para que estes "se encaixem" nos excluídos. Por mais pedante e abstrata que pareça, essa diferença – entre a "democracia burguesa" e a "ditadura do proletariado" – é crucial.

Há um século, Vilfredo Pareto foi o primeiro a descrever a chamada regra 80/20 da vida social (e não só social): 80% das terras pertencem a 20% das pessoas, 80% dos lucros são produzidos por 20% dos empregados, 80% das decisões são tomadas em 20% do tempo de duração das reuniões, 80% dos *links* levam a menos de 20% das páginas na internet, 80% das ervilhas vêm de 20% das vagens. Como sugeriram alguns economistas e analistas sociais, a explosão contemporânea de produtividade econômica nos coloca diante do caso extremo da regra: a futura economia global tenderá a um estado em que apenas 20% da força de trabalho será capaz de fazer todo o trabalho necessário, de modo que 80% das pessoas serão basicamente irrelevantes e inúteis e, portanto, potencialmente desempregadas. Quando essa lógica chega ao extremo, não seria razoável levá-la à autonegação: um sistema que torna 80% das pessoas irrelevantes e inúteis não será ele mesmo *irrelevante e inútil*?

Toni Negri concedeu certa vez uma entrevista ao jornal *Le Monde* em que, passeando por uma rua do subúrbio de *Venezia-Mestre** com o jornalista, deparou com uma fila de operários fazendo piquete na frente de uma tecelagem. Apontando os operários, observou com desdém: "Que maluquice, parece um filme de Fellini!"[10]. Para ele, os operários representavam tudo que está errado no socialismo sindicalista tradicional, que se concentra na segurança do emprego, um socialismo que se tornou impiedosamente obsoleto diante da dinâmica do capitalismo "pós-moderno" e da

---

* Mestre é a região localizada em terra firme na cidade de Veneza (Itália). (N. E.)
10   "*Nous sommes déjà des hommes nouveaux*", *Le Monde*, 13 jul. 2007.

posição hegemônica do trabalho cognitivo. De acordo com Negri, em vez de reagir a esse "novo espírito do capitalismo" à moda social-democrata tradicional, vendo-o como ameaça, é preciso abraçá-lo totalmente, de modo que se possa discernir de dentro dele, na dinâmica do trabalho cognitivo com suas formas de interação social não hierárquicas e não centralizadas, as sementes do comunismo. Mas, seguindo essa lógica até o fim, fica difícil não concordar com o cínico argumento neoliberal de que, hoje, a principal missão dos sindicatos deveria ser retreinar os trabalhadores para serem absorvidos pela nova economia digital.

E a visão oposta? Na medida em que a dinâmica do novo capitalismo torna supérflua uma porcentagem cada vez maior de trabalhadores, o que dizer do plano de reunir os "mortos-vivos" do capitalismo global, todos aqueles que foram deixados para trás pelo "progresso" neocapitalista, todos aqueles que se tornaram inúteis e obsoletos, todos os incapazes de se adaptar às novas condições? É claro que a proposta é encenar um curto-circuito direto entre esses restos da história e o aspecto mais progressista desta.

O "uso público da razão"

Isso nos leva à próxima definição elementar de comunismo: ao contrário do socialismo, o comunismo se refere à universalidade singular, ao vínculo direto entre o singular e o universal, contornando determinações particulares. Quando diz, do ponto de vista cristão, que "não há grego nem judeu, não há homem nem mulher", Paulo afirma com isso que as raízes étnicas, a identidade nacional etc. *não são uma categoria da verdade*. Ou, em termos kantianos precisos, quando refletimos sobre nossas raízes étnicas, dedicamo-nos ao *uso privado da razão*, tolhido por pressupostos dogmáticos contingentes, isto é, agimos como indivíduos "imaturos", não como seres humanos livres que se situam na dimensão da universalidade da razão. É raro que se mencione a oposição entre Kant e Rorty em relação a essa distinção entre público e privado, contudo ela é crucial. Ambos distinguem com clareza os dois domínios, mas de maneira oposta. Para Rorty, grande liberal contemporâneo por excelência, o privado é o espaço de nossas idiossincrasias, onde a criatividade e a louca imaginação mandam e as considerações morais são (quase) suspensas; o público, ao contrário, é o espaço da interação social, onde somos obrigados a obedecer às regras para não ferir os outros. Nos termos de Rorty, o espaço privado é o da ironia, enquanto o espaço público é o da solidariedade. Para Kant, porém, o espaço público da "sociedade civil mundial" exemplifica o paradoxo da singularidade universal, do sujeito singular que, numa espécie de curto-circuito, contornando a mediação do particular, participa diretamente do Universal. É isso, então, que Kant, num trecho famoso de "Que é o esclarecimento?", quer dizer quando fala de "público" como oposto de "privado": o "privado" não designa nossos laços individuais em oposição aos laços comunitários, mas a própria ordem comunal-institucional de nossa identificação específica; já o "público" se refere à universalidade transnacional do exercício da Razão:

> O uso público da razão deve ser livre sempre, e somente ele pode trazer esclarecimento entre os homens. Por outro lado, muitas vezes o uso privado da razão pode ser bastante restrito, mas sem atrapalhar particularmente o avanço do esclarecimento. Entendo por uso público da razão o uso que se faz dela como o do acadêmico diante do público leitor. Chamo de uso privado aquele que uma pessoa faz dela num cargo ou posto civil específico que lhe é confiado.[11]

Portanto, o paradoxo da fórmula de Kant, "Pense livremente, mas obedeça!" (que, é claro, levanta uma série de novos problemas, já que também se baseia na distinção entre o nível "performático" de autoridade social e o nível de pensamento livre no qual a performatividade é suspensa), é que participamos da dimensão universal da esfera "pública" exatamente como indivíduos singulares extraídos da identificação comunitária substancial, ou até opostos a ela; só se é verdadeiramente universal quando se é radicalmente singular, nos interstícios das identidades comunitárias. Aqui, Kant é que deve ser lido como crítico de Rorty. Em sua visão de espaço público caracterizado pelo exercício irrestrito da Razão, ele invoca uma dimensão de universalidade emancipatória *fora* dos confins da identidade social de cada um, da posição ocupada dentro da ordem do ser (social) – precisamente a dimensão que, de modo tão crucial, falta a Rorty.

Esse espaço de universalidade singular é o que, dentro do cristianismo, surge como o "Espírito Santo": o espaço do coletivo de fiéis *subtraído* do campo das comunidades orgânicas ou de mundos-vidas específicos ("nem gregos nem judeus"). Por conseguinte, o "Pense livremente, mas obedeça!" de Kant não seria uma versão nova do "Dai a César o que é de César e a Deus o que é de Deus"? "Dar a César o que é de César" ou, em outras palavras, respeitar e obedecer o mundo-vida particular e "privado" de sua comunidade; "e a Deus o que é de Deus" ou, em outras palavras, participar do espaço universal da comunidade dos fiéis. O coletivo de fiéis paulino é o protomodelo da "sociedade civil mundial" kantiana, e o domínio do próprio Estado é, a seu modo, "privado": privado no exato sentido kantiano de "uso privado da Razão" nos aparelhos ideológico e administrativo do Estado.

No posterior *O conflito das faculdades*, Kant prolonga essa reflexão ao abordar uma questão simples mas difícil de resolver: há verdadeiro progresso na história? (Ele queria dizer progresso ético, não apenas desenvolvimento material.) Kant reconheceu que a

---

[11] Immanuel Kant, "What is Enlightenment?", em Isaac Kramnick (org.), *The portable Enlightenment reader* (Nova York, Penguin, 1995), p. 5. [Ed. bras.: "Resposta à pergunta o que é o esclarecimento", em *Textos seletos*, 6. ed. Petrópolis, Vozes, 2005.]

história real é confusa e não oferece provas claras nessa matéria (basta lembrar, por exemplo, que o século XX trouxe uma expansão sem igual da democracia e do bem-estar social, mas também o Holocausto e o *gulag*...), porém concluiu ainda assim que, embora o progresso não possa ser provado, podemos distinguir sinais que indicam que ele é possível. Kant interpretou a Revolução Francesa como um sinal que indicava a possibilidade de liberdade: o que até então era impensável aconteceu e todo um povo afirmou sem medo sua igualdade e sua liberdade. Para Kant, ainda mais importante do que a realidade tantas vezes sangrenta dos eventos ocorridos nas ruas de Paris foi o entusiasmo que esses eventos geraram em observadores solidários de toda a Europa:

> A revolução recente de um povo rico em espírito pode fracassar ou ter sucesso, pode acumular miséria e atrocidade, mas ainda assim desperta no coração de todos os espectadores (que nela não estejam pessoalmente envolvidos) uma tomada de posição conforme aos desejos que beira o entusiasmo e, como sua própria expressão não é isenta de perigo, só pode ter sido causada por alguma disposição moral da raça humana.[12]

É preciso notar aqui que a Revolução Francesa gerou entusiasmo não só na Europa, mas também em lugares distantes, como o Haiti. O entusiasmo não foi apenas o do espectador kantiano, mas assumiu uma forma prática e engajada num momento-chave de outro evento histórico mundial: a primeira revolta de escravos negros pela participação total no projeto emancipatório da Revolução Francesa.

Em certo nível, a vitória eleitoral de Obama, nos Estados Unidos, segue essa linha. Podemos e devemos alimentar cínicas dúvidas sobre as consequências reais dessa vitória: do ponto de vista realista-pragmático, é bem possível que Obama se torne um "Bush com rosto humano", fazendo apenas alguns pequenos retoques cosméticos. Seguirá a mesma política básica, só que de modo mais atraente, e talvez até fortaleça a hegemonia norte-americana, prejudicada pela catástrofe dos anos Bush. No entanto, há algo profundamente errado nessa reação: falta uma dimensão fundamental. À luz da concepção kantiana de entusiasmo, a vitória de Obama não deveria ser vista simplesmente como mais uma mudança na eterna luta parlamentar pela maioria, com todos os seus cálculos e manipulações pragmáticos. É sinal de algo mais. É por isso que um grande amigo meu, norte-americano, esquerdista empedernido e sem ilusões, passou horas chorando quando soube da vitória de Obama. Sejam quais forem nossas dúvidas, medos e compromissos, naquele instante de entusiasmo cada um de nós era livre e participante da liberdade universal da humanidade.

---

[12] Idem, "The conflict of faculties", em *Political Writings* (Cambridge, Cambridge University Press, 1991), p. 182. [Ed. port.: *O conflito das faculdades*, Lisboa, Edições 70, 1993.]

A razão por que a vitória de Obama causou tanto entusiasmo não foi apenas porque aconteceu de fato, contra todas as probabilidades, mas porque mostrou a *possibilidade* de tal coisa acontecer. O mesmo ocorre com todas as grandes rupturas históricas; basta lembrar a queda do Muro de Berlim. Apesar de todos conhecermos a ineficiência podre dos regimes comunistas, de certo modo não "acreditávamos realmente" que ruiriam; como Henry Kissinger, também fomos vítimas do pragmatismo cínico. A expressão francesa *"je sais bien, mais quand même"* – sei que isso pode acontecer, mas mesmo assim (não consigo aceitar que acontecerá) – resume bem essa atitude. É por isso que, embora a vitória de Obama fosse claramente previsível, pelo menos nas duas últimas semanas antes da eleição, ainda assim a vitória real foi vivenciada como uma surpresa; em certo sentido, o impensável aconteceu, algo que, na verdade, não acreditávamos que *pudesse* acontecer. (Observemos que há também uma versão trágica do impensável que realmente ocorre: o Holocausto, o *gulag*... Como aceitar que algo assim possa acontecer?)

É dessa maneira também que devemos responder àqueles que destacam todas as concessões que Obama teve de fazer para se tornar elegível. O perigo cortejado por ele durante a campanha foi aplicar a si mesmo o que a censura histórica aplicou a Martin Luther King, ou seja, excluir pontos controvertidos de seu programa de governo para garantir a elegibilidade. Há um diálogo famoso na paródia religiosa do Monty Python, *A vida de Brian*, que se passa na Palestina da época de Cristo: o líder de uma organização de resistência revolucionária judaica defende apaixonadamente que os romanos só trouxeram sofrimento para os judeus; quando seus seguidores observam que trouxeram, não obstante, educação, estradas, sistemas de irrigação etc., ele conclui, triunfante: "Tudo bem, mas tirando o esgoto, as escolas, a medicina, o vinho, a ordem pública, a irrigação, as estradas, o fornecimento de água potável e a saúde pública, o que os romanos fizeram por nós?". As últimas declarações de Obama não seguem essa mesma linha? "Defendo o rompimento radical com a política de Bush! Tudo bem, defendi o apoio total a Israel e a continuação da guerra ao terror no Afeganistão e no Paquistão, fui contra processar os que ordenaram as torturas etc., mas ainda defendo o rompimento radical com a política de Bush!" O discurso de posse de Obama concluiu esse processo de "autolimpeza política" – e, por isso, foi uma grande decepção, até para muitos liberais de esquerda. Foi um discurso bem elaborado, mas estranhamente anêmico, cuja mensagem a "todos os outros povos e governos que hoje nos observam" era "estamos dispostos a liderar mais uma vez" e "não pediremos desculpas por nosso estilo de vida nem titubearemos em sua defesa".

Durante a campanha eleitoral, várias vezes se observou que, quando falava sobre a "audácia da esperança", sobre a mudança em que podemos acreditar, Obama utilizava uma retórica sem conteúdo específico. Esperar o quê? Mudar o quê? Agora a situação está um pouco mais clara: Obama propõe uma mudança tática que visa reafirmar os objetivos fundamentais da política dos Estados Unidos, ou seja, a defesa do estilo de vida norte-americano e o papel de liderança internacional do país. O império norte-americano será mais humano, terá mais respeito pelos outros, liderará pelo diálogo em vez de impor sua vontade pela violência. Se o governo Bush foi o império com rosto brutal, agora teremos o império com rosto humano, mas o império será o mesmo. No discurso de junho de 2009, no Cairo, quando tentou estender a mão ao mundo muçulmano, Obama formulou o debate em termos de diálogo despolitizado entre religiões (nem mesmo entre civilizações); foi Obama em seu pior momento politicamente correto.

Mas essa visão pessimista é insuficiente. A situação global não só é uma realidade dura, como também se define por seus contornos ideológicos, pelo que nela é visível e invisível, dizível e indizível. Recordemos a resposta de Ehud Barak a Gideon Levy, no jornal israelense *Haaretz*, há mais de dez anos, quando lhe perguntaram o que faria se tivesse nascido palestino: "Entraria para uma organização terrorista". Essa declaração não tinha nada a ver com defesa do terrorismo, mas tudo a ver com abertura para o diálogo com os palestinos. Recordemos quando Gorbachev lançou os lemas da *glasnost* e da *perestroika*; pouco importando o que "realmente queria dizer" com aquilo, provocou uma avalanche que mudou o mundo. Ou, para darmos um exemplo negativo, hoje até os que são contra a tortura aceitam colocá-la em debate público – um grande retrocesso no discurso comum. As palavras nunca são "apenas palavras"; elas importam porque definem os contornos do que podemos fazer.

Assim, nesse aspecto, Obama já mostrou uma capacidade extraordinária de mudar os limites do que se pode dizer em público. Até agora, sua maior realização foi ter introduzido no discurso público, com seu jeito refinado e nada provocador, questões que, até então, eram de fato indizíveis: a importância constante da raça na política, o papel positivo dos ateus na vida pública, a necessidade de conversar com "inimigos" como o Irã ou o Hamas etc. É exatamente disso que a política norte-americana mais precisa hoje em dia para sair do impasse: novas palavras que mudem o modo como pensamos e agimos.

Muitos atos de Obama como presidente também apontam nessa direção (os planos para a educação e a assistência médica, as tentativas de diálogo com Cuba e outros países "delinquentes", por exemplo). Entretanto, como já se observou, a verdadeira tragédia de Obama é que ele tem toda a probabilidade de vir a ser o derradeiro salvador do capitalismo e, como tal, um dos grandes presidentes conservadores norte-americanos. Há coisas progressistas que só um conservador com as credenciais patrióticas certas na linha dura consegue fazer: só De Gaulle conseguiu dar a independência à Argélia; só Nixon conseguiu estabelecer relações com a China; em ambos os casos, se um presidente progressista fizesse a mesma coisa, seria logo acusado de trair o interesse nacional, de se vender aos comunistas ou aos terroristas etc. A dificuldade de Obama parece ser exatamente o oposto: as credenciais "progressistas" lhe permitem impor os "reajustes estruturais" necessários para estabilizar o sistema.

No entanto, essas consequências inevitáveis – como podem vir a ser – não desvalorizam de modo algum o entusiasmo kantiano autêntico provocado pela vitória de Obama. Foi um sinal da história no triplo sentido kantiano de *signum rememorativum, demonstrativum, prognosticum*: um sinal no qual se reflete a lembrança do longo *passado* de escravidão e luta pela abolição; um evento que mostra uma mudança *agora*; e uma esperança de realizações *futuras*. Não admira que essa vitória tenha provocado o mesmo entusiasmo universal no mundo inteiro, com pessoas dançando nas ruas desde Berlim até o Rio de Janeiro. Todo o ceticismo revelado entre quatro paredes, até por muitos progressistas preocupados (e se o racismo publicamente desaprovado ressurgisse na privacidade da cabine de votação?), foi refutado.

...no Haiti

Entretanto, tudo isso ainda é insuficiente, se quisermos falar sobre comunismo. O que falta nesse entusiasmo kantiano? Para formular a resposta, é preciso recorrer a Hegel, que demonstrou o mesmo entusiasmo de Kant em sua descrição do impacto da Revolução Francesa:

> Assim, essa foi uma gloriosa aurora mental. Todos os seres pensantes sentiram o mesmo júbilo daquele momento. As emoções de caráter elevado agitaram a mente dos homens naquela época; um entusiasmo espiritual empolgou o mundo, como se a conciliação entre o divino e o secular fosse conseguida então pela primeira vez.[13]

Mas acrescentou algo crucial, pelo menos implicitamente. Como mostrou Susan Buck-Morss no ensaio "Hegel and Haiti"[14], a revolta bem-sucedida dos escravos do Haiti, que resultou na república haitiana livre, foi o silencioso – e, por essa razão, muito mais eficaz – ponto de referência (ou Causa ausente) da dialética do Senhor e do Escravo de Hegel, apresentada nos manuscritos de Jena e desenvolvida depois na *Fenomenologia do espírito**. A afirmação simples de Buck-Morss de que "não há dúvida de que Hegel e o Haiti pertencem um ao outro" capta de modo conciso o resultado

---

[13] G. F. W. Hegel, *The Philosophy of History* (Nova York, Dover, 1956). [Ed. bras.: *Filosofia da história*, 2. ed., Brasília, UnB, 1999.]

[14] Publicado primeiro como ensaio na revista *Critical Inquiry*, em 2000, e depois ampliado para livro: *Hegel, Haiti and Universal History* (Pittsburgh, University of Pittsburgh Press, 2009).

* Petrópolis, Vozes, 2008. (N. E.)

explosivo do curto-circuito entre esses dois termos heterogêneos[15]. "Hegel e Haiti" – talvez essa seja também a fórmula mais sucinta do comunismo.

Como disse Louis Sala-Molins com brutalidade acerba: "Os filósofos do Iluminismo europeu se uniram contra a escravidão, *exceto onde ela literalmente existia*"[16]. Embora se queixassem de que o povo era (metaforicamente falando) "escravo" do poder real tirânico, ignoraram a escravidão literal, que crescia de forma vertiginosa nas colônias, desculpando-a com argumentos racistas-culturalistas. Quando os escravos negros do Haiti, fazendo eco à Revolução Francesa, revoltaram-se em nome dos mesmos princípios de liberdade, igualdade e fraternidade, foi "o cadinho, a prova de fogo dos ideais do Iluminismo francês. E todo europeu que fazia parte do público leitor burguês sabia disso. 'Os olhos do mundo estão agora em São Domingos'"[17]. No Haiti, ocorreu o impensável (para o Iluminismo europeu): a Revolução Haitiana "entrou para a história com o traço peculiar de ser impensável, mesmo enquanto acontecia"[18]. Os ex-escravos do Haiti entenderam os lemas revolucionários franceses de modo mais literal que os próprios franceses: ignoraram todas as restrições implícitas que abundavam na ideologia do Iluminismo (liberdade, mas só para os sujeitos racionais "maduros", não para os bárbaros selvagens e imaturos, que antes tinham de passar por um longo processo de educação para merecer liberdade e igualdade...). Isso levou a momentos "comunistas" sublimes, como quando os soldados franceses (enviados por Napoleão para reprimir a rebelião e restaurar a escravatura) se aproximaram do exército negro de escravos (auto)libertos: ao ouvir um murmurinho de início indistinto no meio da multidão negra, os soldados supuseram que fosse algum tipo de canto de guerra tribal; contudo, quando se aproximaram, perceberam que os haitianos cantavam a *Marselhesa* e, em voz alta, perguntavam aos soldados se eles não estavam lutando do lado errado. Eventos como esse representam a universalidade como categoria política. Neles, como explica Buck-Morss, "a humanidade universal é visível nas beiradas"[19]:

> em vez de dar o mesmo mérito a múltiplas culturas distintas, de modo que os indivíduos sejam reconhecidos como parte da humanidade, indiretamente, pela mediação de identidades culturais coletivas, a universalidade humana surge no evento histórico no ponto de ruptura. É nas descontinuidades da história que aqueles cuja cultura foi esticada a ponto de se romper dão expressão a uma humanidade que vai além dos limites culturais. E é em nossa identificação enfática com esse estado cru, livre e vulnerável que temos oportunidade de entender o que dizem. A humanidade comum existe, apesar da cultura e de suas diferenças. A não identidade de alguém com o coletivo permite que a solidariedade

---

[15] Susan Buck-Morss, *Hegel, Haiti and Universal History*, cit., p. 20.
[16] Citado em ibidem, p. 149.
[17] Ibidem, p. 42.
[18] Michel-Rolph Trouillot, citado em *Hegel, Haiti and Universal History*, cit., p. 50.
[19] Susan Buck-Morss, *Hegel, Haiti and Universal History*, cit., p. 151.

subterrânea tenha a oportunidade de apelar para o sentimento moral universal, hoje fonte de entusiasmo e de esperança.[20]

Aqui, Buck-Morss oferece o argumento preciso contra a poesia pós-moderna da diversidade: esta última mascara a *mesmice* subjacente da violência brutal representada por culturas e regimes culturalmente diversos: "Podemos descansar satisfeitos com o apelo ao reconhecimento de 'modernidades múltiplas', com uma política de 'diversidade' ou 'multiversatilidade', quando, na verdade, tantas vezes a inumanidade dessa multiplicidade é espantosamente a mesma?"[21]. Mas podemos perguntar, em última análise, se o fato de os escravos cantarem a *Marselhesa* não seria um indicador de uma subordinação colonialista – mesmo em sua autolibertação, os negros não tinham de seguir o modelo emancipatório da metrópole colonial? Isso não lembra a ideia de que os atuais adversários da política norte-americana deveriam cantar *Stars and Stripes**? Ora, o verdadeiro ato revolucionário não seria os colonizadores cantarem as músicas dos colonizados? O erro dessa objeção é duplo. Em primeiro lugar, ao contrário do que parece, é muito mais aceitável para a potência colonial ver seu povo cantando as canções dos outros (dos colonizados) do que canções que exprimem sua própria identidade; como sinal de tolerância e respeito paternalista, os colonizadores adoram aprender e cantar as canções dos colonizados... Em segundo lugar, e muito mais importante, a mensagem da *Marselhesa* cantada pelos soldados haitianos não era: "Viu, até nós, negros primitivos, conseguimos assimilar sua política e sua elevada cultura e imitá-las como modelo!", mas outra, bem mais precisa: "Nesta batalha, somos mais franceses do que vocês, franceses; representamos as consequências mais secretas de sua ideologia revolucionária, as próprias consequências que vocês não conseguem assumir". Não há como essa mensagem não ser profundamente incômoda para os colonizadores – e, com certeza, não é a mensagem dos que cantam, hoje, *Stars and Stripes* quando enfrentam o Exército dos Estados Unidos. (Apesar de que, como exercício de pensamento, se imaginarmos uma situação em que essa *pudesse* ser a mensagem, não haveria nenhum problema *a priori* em fazê-lo.)

Assim que incorporamos essa mensagem, nós, homens e mulheres brancos de esquerda, estaremos livres para deixar para trás o processo politicamente correto de culpa autotorturante interminável. Embora a crítica de Pascal Bruckner à esquerda contemporânea costume beirar o absurdo[22], isso não o impede de, às vezes, produzir

---

[20] Ibidem, p. 133.
[21] Ibidem, p. 138-9.
* *The Stars and Stripes Forever* [As estrelas e as listras para sempre], marcha militar patriótica norte-americana. (N. E.)
[22] Ver, por exemplo, a nota de rodapé que trata do suposto antissemitismo de Alain Badiou em Pascal Bruckner, *La tyrannie de la pénitence* (Paris, Grasset, 2006), p. 93. [Ed. bras.: *A tirania da penitência*, Rio de Janeiro, Difel, 2008.]

noções pertinentes; não há como discordar quando ele detecta na autoflagelação europeia politicamente correta uma forma invertida de apego à própria superioridade. Sempre que o Ocidente é atacado, sua primeira reação não é a defesa agressiva, mas o autoexame: o que fizemos para merecer isso? Em última análise, somos culpados pelos males do mundo; as catástrofes do Terceiro Mundo e a violência terrorista são meras reações aos nossos crimes. A forma positiva do fardo do homem branco (a responsabilidade de civilizar os bárbaros colonizados) é meramente substituída por sua forma negativa (o fardo da culpa do homem branco): se não podemos mais ser os senhores benevolentes do Terceiro Mundo, pelo menos podemos ser a fonte privilegiada do mal, privando os outros, de forma paternalista, da responsabilidade por seu destino (quando um país do Terceiro Mundo comete crimes terríveis, a responsabilidade nunca é inteiramente dele, é sempre um efeito colateral da colonização: estão apenas imitando o que os senhores coloniais costumavam fazer etc.):

> Precisamos dos clichês miserabilistas da África, da Ásia, da América Latina para confirmar o clichê do Ocidente mortífero e predatório. Nossa ruidosa estigmatização serve apenas para mascarar nosso amor-próprio ferido: não fazemos mais a lei. As outras culturas sabem disso e continuam a nos culpabilizar para fugir do juízo que fazemos delas.[23]

O Ocidente está preso na típica dificuldade do supereu, muito bem expressa na célebre frase de Dostoiévski, em *Os irmãos Karamazov*[*]: "Cada um de nós é culpado por todos diante de todos, eu mais do que os outros". Assim, quanto mais o Ocidente confessa seus crimes, mais se sente culpável. Essa percepção nos permite detectar também uma duplicidade simétrica na maneira como determinados países do Terceiro Mundo criticam o Ocidente: se a autoflagelação constante do Ocidente funciona como uma tentativa desesperada de reafirmar nossa superioridade, a verdadeira razão por que alguns no Terceiro Mundo odeiam e rejeitam o Ocidente não está ligada ao passado colonial e a seus efeitos contínuos, mas ao espírito autocrítico que o Ocidente demonstrou ao renunciar a esse passado, com seu chamado implícito para que outros pratiquem a mesma abordagem autocrítica: "O Ocidente não é detestado por suas faltas reais, mas pela tentativa de corrigi-las, porque foi um dos primeiros a tentar se afastar de sua bestialidade, convidando o resto do mundo a segui-lo"[24]. Efetivamente, o legado ocidental não é apenas o da dominação imperialista (pós-)colonial, mas é também o do exame autocrítico da violência e da exploração que o próprio Ocidente levou ao Terceiro Mundo. Os franceses colonizaram o Haiti, mas a Revolução Francesa forneceu as bases ideológicas da rebelião que libertou os escravos e criou o

---
[23] Ibidem, p. 49.
[*] São Paulo, Editora 34, 2008. (N. E.)
[24] Pascal Bruckner, *La tyrannie de la pénitence*, cit., p. 51.

Haiti independente; o processo de descolonização foi posto em movimento quando as nações colonizadas exigiram os mesmos direitos que o Ocidente tomava para si. Em resumo, não devemos esquecer que o Ocidente forneceu os próprios padrões pelos quais ele mesmo (e seus críticos) mede seu passado criminoso. Tratamos aqui da dialética de forma e conteúdo: quando os países coloniais exigem independência e encenam a "volta às raízes", a própria forma dessa volta (a de Estado-nação independente) é ocidental. Portanto, em sua própria derrota (a perda das colônias), o Ocidente vence, impondo ao outro sua forma social.

Hoje, a lição de dois pequenos artigos que Marx escreveu em 1853 sobre a Índia ("O domínio britânico na Índia" e "Futuros resultados do domínio britânico na Índia"), em geral desprezados nos estudos pós-coloniais por serem considerados exemplos embaraçosos do "eurocentrismo" do autor, é mais importante do que nunca. Marx admite sem restrições a brutalidade e a hipocrisia exploradora da colonização britânica da Índia, até e inclusive o uso sistemático da tortura, proibida no Ocidente e "terceirizada" para os indianos (realmente não há nada novo sob o Sol, já havia Guantánamos na Índia britânica em meados do século XIX): "A profunda hipocrisia e o barbarismo inerente à civilização burguesa se revelam diante de nossos olhos, passando da metrópole, onde ela assume formas respeitáveis, para as colônias, onde anda nua"[25]. Tudo que Marx acrescenta é:

> A Inglaterra demoliu toda a estrutura da sociedade indiana, sem que haja sintoma de reconstituição. Essa perda do mundo antigo, sem o ganho de outro novo, confere um tipo peculiar de melancolia ao sofrimento atual dos hindus, e separa o Hindustão, dominado pela Grã-Bretanha, de todas as suas antigas tradições e de toda a sua história pregressa. [...] É verdade, a Inglaterra, ao causar uma revolução social no Hindustão, guiou-se apenas pelos interesses mais vis e foi estúpida na maneira como os impôs. Mas não é esse o problema. O problema é: a humanidade pode cumprir seu destino sem uma revolução fundamental no estado social da Ásia? Se não, sejam quais forem seus crimes, a Inglaterra foi a ferramenta inconsciente da história para provocar essa revolução.[26]

Não devemos desprezar a menção à "ferramenta inconsciente da história" como expressão de uma teleologia ingênua, de confiança nas artimanhas da Razão, que transformam os crimes mais vis em instrumentos de progresso. A questão aqui é simplesmente que a colonização britânica da Índia criou condições para a dupla libertação da Índia: das restrições de sua tradição, como também da própria colonização. Numa recepção oferecida a Margaret Thatcher em 1985, o presidente chinês aplicou

---

[25] Karl Marx, "The Future Results of British Rule in India", em *Surveys From Exile* (org. e intr. David Fernbach, Harmondsworth, Penguin, 1973), p. 324.
[26] Idem, "The British Rule in India", em *Surveys from Exile*, cit., p. 302-3, 306-7.

à China a afirmação de Marx sobre o papel da colonização britânica na Índia: "A ocupação britânica despertou a China de seu sono milenar"[27]. Longe de assinalar a constante autodepreciação diante das ex-potências coloniais, declarações como essa exprimem o verdadeiro "pós-pós-colonialismo", ou seja, a independência madura: para admitir o efeito positivo da colonização, é preciso ser realmente livre e capaz de deixar o estigma para trás. (De modo simétrico, rejeitar a autoculpabilização, enquanto afirmamos totalmente e, por que não, com orgulho nossa herança emancipatória, é condição *sine qua non* para a renovação da esquerda.)

Se existe alguém que não pode ser acusado de ser brando com os colonizadores, esse alguém é Frantz Fanon: suas ideias sobre o poder emancipatório da violência são um estorvo para muitos teóricos pós-coloniais politicamente corretos. Entretanto, como pensador perspicaz com treino em psicanálise, também forneceu, em 1952, a expressão mais pungente da recusa de capitalizar a culpa dos colonizadores:

> Sou um homem, e o que tenho de recuperar é todo o passado do mundo. Não sou responsável somente pela revolta escrava em São Domingos. Sempre que um homem contribuiu para a vitória da dignidade do espírito, sempre que um homem disse não à tentativa de subjugar o próximo, senti solidariedade por esse ato. De modo algum minha vocação básica tem de vir do passado dos povos de cor. De modo algum tenho de me dedicar a reviver uma civilização negra injustamente ignorada. Não farei de mim o homem de um passado qualquer. [...] Minha pele negra não é repositório de valores específicos. [...] Será que não tenho nada melhor a fazer na face da Terra, além de vingar os negros do século XVII? [...] Como homem de cor, não tenho o direito de esperar que haja no homem branco a consolidação da culpa pelo passado de minha raça. Como homem de cor, não tenho o direito de buscar modos de pisotear o orgulho de meu ex--senhor. Não tenho o direito nem o dever de exigir compensação por meus ancestrais subjugados. Não existe missão negra, não existe fardo branco. [...] Não quero ser vítima da Astúcia de um mundo negro. [...] Vou pedir aos brancos de hoje que respondam pelos negociantes de escravos do século XVII? Vou tentar por todos os meios disponíveis fazer brotar a culpa em sua alma? [...] Não sou escravo da escravidão que desumanizou meus ancestrais. [...] Seria de enorme interesse descobrir uma literatura ou uma arquitetura negra do século III antes de Cristo. Ficaríamos muito contentes de saber que existe correspondência entre algum filósofo negro e Platão. Mas não podemos absolutamente ver como isso mudaria a vida de meninos de oito anos que trabalham nos canaviais da Martinica ou de Guadalupe. [...] Encontro-me no mundo e reconheço que só tenho um único direito: o de exigir comportamento humano do outro.[28]

---

[27] Citado por Pascal Bruckner, *La tyrannie de la pénitence*, cit., p. 153.
[28] Frantz Fanon, *Black Skin, White Masks* (Nova York, Grove Press, 2008), p. 201-6. [Ed. bras.: *Pele negra, máscaras, brancas*, Salvador, Edufba, 2008.]

Nessa mesma linha, deveríamos confrontar criticamente o desdém acerbo de Sadri Khiari pela tentativa dos esquerdistas franceses para providenciar documentos para os "*sans-papiers*" (imigrantes "ilegais"):

> O branco de esquerda também tem um fraco pelo "*sans-papiers*". Indubitavelmente, porque este nem mesmo existe. E porque, para existir um pouco que seja, é obrigado a pedir ajuda à esquerda. O *sans-papiers* não existe porque, para existir, tem de ameaçar acabar com a própria vida. A prova de que existo, diz ele, é que estou morrendo. E para de comer. E a esquerda vê nisso uma boa razão para acusar a direita: "Deem documentos a ele para que coma e deixe de existir!". Afinal, se tiver documentos, ele não será mais um *sans-papiers*, e, se como um *sans-papiers* ele *nem mesmo* existe, quando tiver documentos ele simplesmente não existirá e só. Já é um progresso.[29]

A lógica subjacente é clara e persuasiva: o trabalhador imigrante "sem documento" não tem *status* jurídico, de modo que, se chega a ser notado, é como ameaça obscura e externa a nosso estilo de vida; mas, assim que consegue seus documentos e sua condição é legalizada, ele mais uma vez deixa de existir propriamente, porque se torna invisível em sua situação específica. De certa maneira, depois de legalizado, torna-se ainda mais invisível: já não é mais uma ameaça obscura, foi inteiramente regularizado, mergulhado na multidão indistinta dos cidadãos. No entanto, o que o desdém de Khiari não percebe é que conseguir os "papéis" abre espaço para mais atividade e auto-organização política. Assim que alguém consegue seus "papéis", abre-se um vasto campo de pressão e mobilização política que não pode mais ser considerado uma perigosa ameaça vinda de fora, porque agora envolve cidadãos legítimos do "nosso" Estado.

Além disso, quando falamos de medidas contra a imigração, de diferentes modos de exclusão de imigrantes etc., não devemos nos esquecer de que a política contra a imigração *não* está vinculada diretamente ao capitalismo nem aos interesses do capital. Ao contrário, a livre circulação de mão de obra é do interesse do grande capital, já que a mão de obra imigrante barata pressionará "nossos" trabalhadores a aceitar salários mais baixos. A terceirização também não é uma forma invertida de empregar trabalhadores imigrantes? A resistência contra os imigrantes é, em primeiro lugar, uma reação defensiva espontânea da classe trabalhadora local, que (não sem certa razão) percebe o trabalhador imigrante como um novo tipo de fura-greve e, dessa forma, aliado do capital. Em resumo, é o capital global que é inerentemente tolerante e multiculturalista.

A posição-padrão adotada pelos defensores incondicionais dos direitos dos imigrantes ilegais é admitir que, no nível do Estado, os contra-argumentos podem até ser "verdadeiros" (isto é, é claro que um país não pode aceitar um fluxo interminável

---

[29] Sadri Khiari, *La contre-révolution coloniale en France* (Paris, La Fabrique, 2009), p. 11.

de imigrantes; é claro que eles competem para ameaçar os empregos locais e podem representar certo risco para a segurança pública), mas sua defesa se move num nível totalmente diferente, um nível que tem vínculo direto com as exigências da realidade, o nível da política de princípios, em que podemos insistir de maneira incondicional que "*qui est ici est d'ici*" ("quem está aqui é daqui"). Mas essa posição de princípios não é simples demais, proporcionando uma posição confortável às belas almas? Insisto em meus princípios e deixo para o Estado cuidar das restrições pragmáticas da realidade... Dessa maneira, não evitamos um aspecto crucial da batalha política pelos direitos dos imigrantes: como convencer os trabalhadores que são contra esses imigrantes de que estão travando a batalha errada? E como propor uma forma factível de política alternativa? O "impossível" (a abertura aos imigrantes) tem de acontecer na realidade. *Esse* seria um verdadeiro evento político.

Mas por que o imigrante não deveria ficar satisfeito com sua regularização? Porque, em vez de afirmar sua identidade, ele tem de se adaptar aos padrões do opressor: é aceito, mas, de fato, num papel secundário. O discurso do opressor define os termos de sua identidade. Devemos lembrar aqui as palavras programáticas de Stokely Carmichael, fundador do Black Power: "Temos de lutar pelo direito de inventar os termos que nos permitirão definir a nós e à nossa relação com a sociedade, e temos de lutar para que esses termos sejam aceitos. Essa é a primeira necessidade de um povo livre e também o primeiro direito recusado por todos os opressores". O problema é como exatamente fazer isso. Ou seja, como resistir à tentação de se definir com referência a alguma identidade mítica e totalmente externa ("raízes africanas"), que, cortando os vínculos com a cultura "branca", priva o oprimido das ferramentas intelectuais cruciais para a luta (isto é, a tradição emancipatória e igualitária), assim como de potenciais aliados. Portanto, deveríamos corrigir ligeiramente as palavras de Carmichael: o que os opressores temem de fato não é uma autodefinição totalmente mítica, sem nenhum vínculo com a cultura branca, mas a autodefinição que, pela apropriação de elementos-chave da tradição igualitária emancipatória branca, *redefine essa mesma tradição*, transformando-a não tanto nos termos do que diz, mas nos termos do que *não* diz, isto é, obliterando as qualificações implícitas que excluíram de fato os negros do espaço igualitário. Em outras palavras, não basta encontrar novos termos para se definir fora da tradição branca dominante; é preciso dar um passo além e privar os brancos do monopólio de definir *sua própria* tradição.

Nesse sentido exato, a Revolução Haitiana foi "um momento de definição da história mundial"[30]. A questão não é estudar a Revolução Haitiana como extensão do espírito revolucionário europeu, isto é, examinar a importância da Europa (da

---

[30] Susan Buck-Morss, *Hegel, Haiti and Universal History*, cit., p. 13.

Revolução Francesa) para a Revolução Haitiana, mas antes afirmar *a importância da Revolução Haitiana para a Europa*. Não só não é possível entender o Haiti sem a Europa, como não se pode entender o alcance ou as limitações do processo de emancipação europeu sem o Haiti. O Haiti foi uma exceção desde o princípio, desde a luta revolucionária contra a escravidão que terminou com a independência, em janeiro de 1804: "Só no Haiti a declaração de liberdade humana foi universalmente coerente. Só no Haiti essa declaração foi mantida a todo custo, em oposição direta à ordem social e à lógica econômica da época". Por essa razão, "não há um só evento em toda a história moderna cujas consequências tenham sido mais ameaçadoras para a ordem dominante global das coisas"[31].

Um dos organizadores da rebelião foi um pregador escravo negro conhecido como "John Bookman", nome que o designava como alfabetizado; o que surpreende é que o "livro" a que seu nome se refere não é a Bíblia, mas o Corão. Isso nos faz lembrar a grande tradição das rebeliões "comunistas" milenares do islamismo, em especial a "República de Qarmat" e a Revolta dos Zanj[32]. Os qarmatas eram um grupo ismaelita milenar do leste da Arábia (atual Bahrein), onde em 899 estabeleceram uma república utópica. Com frequência são acusados de ter instigado "um século de terrorismo": durante o período de *hajj** de 930, tomaram a Pedra Negra de Meca, ato que assinalava que a era do amor havia chegado, de modo que ninguém mais precisava obedecer à Lei. O objetivo dos qarmatas era construir uma sociedade baseada na razão e na igualdade. O Estado era governado por um conselho de seis, cujo chefe era o primeiro entre iguais. As propriedades dentro da comunidade eram distribuídas igualmente entre todos os iniciados. Embora os qarmatas se organizassem como uma sociedade esotérica, não eram uma sociedade secreta: suas atividades eram públicas e divulgadas abertamente.

Ainda mais crucial é que seu surgimento tenha sido instigado pela rebelião escrava de Basra, que abalou o poder de Bagdá. Essa "Revolta dos Zanj", ocorrida num período de quinze anos (de 869 a 883), envolveu mais de 500 mil escravos que haviam sido levados de todo o império muçulmano para a região. O líder Ali ibn Muhammad ficou chocado com o sofrimento dos escravos que trabalhavam nos pântanos de Basra; começou a investigar suas condições de trabalho e sua alimentação. Afirmava ser descendente do califa Ali ibn Abu Talib; quando essa pretensa linhagem não foi aceita, começou a pregar a doutrina radicalmente igualitária dos caridjitas, segundo a qual o homem mais qualificado deveria reinar, ainda que fosse um escravo abissínio. Não admira que, mais uma vez, os historiadores oficiais (como Al-Tabari e Al-Masudi) só tenham observado o caráter "cruel e violento" do levante...

---

[31] Peter Hallward, *Damming the Flood* (Nova York, Verso, 2008).
[32] O relato a seguir utiliza abundantemente os verbetes pertinentes da Wikipedia; ver em particular os verbetes "Qarmatians" e "Zanj Rebellion".
* Peregrinação sagrada realizada pelos muçulmanos a Meca. (N. E.)

Mas não há necessidade de voltar mais de mil anos para descobrir essa dimensão do islamismo; uma olhada nos fatos posteriores à eleição presidencial de 2009 no Irã já é suficiente. O verde adotado pelos partidários de Moussavi e os gritos de *"Allah akbar!"* que retumbaram nos telhados de Teerã na escuridão da noite indicam claramente que viam sua mobilização como uma repetição da revolução de Khomeini em 1979, uma volta às raízes que dissiparia a corrupção pós-revolução. Essa volta às origens não é apenas programática, diz respeito sobretudo ao modo de atividade da multidão: a unidade empática do povo, a solidariedade abrangente, a auto-organização criativa, improvisando maneiras de articular o protesto, a mistura única de espontaneidade e disciplina, como a marcha ameaçadora de milhares de pessoas em absoluto silêncio. Foi um levante popular genuíno dos partidários de Khomeini que se decepcionaram com a revolução. É por isso que devemos comparar os acontecimentos no Irã com a intervenção dos Estados Unidos no Iraque: o Irã foi um caso de afirmação genuína da vontade popular, enquanto no Iraque a democracia é imposta de fora. E é por isso também que os fatos no Irã podem ser entendidos como um comentário à platitude do discurso de Obama no Cairo, que se concentrou no diálogo entre as religiões: não precisamos do diálogo entre as religiões (entre as civilizações), precisamos de um vínculo de solidariedade entre os que lutam por justiça nos países muçulmanos e os que participam da mesma luta em outros lugares. Em outras palavras, precisamos de um processo de politização que fortaleça a luta aqui, ali e em toda parte.

Algumas consequências cruciais devem ser tiradas dessa ideia. Em primeiro lugar, Ahmadinejad não é o herói dos pobres islâmicos, mas um legítimo populista islamofascista corrupto, uma espécie de Berlusconi iraniano cuja mistura de palhaçada com política impiedosa incomoda até a maioria dos aiatolás. A distribuição demagógica de migalhas aos pobres não deveria nos enganar: por trás dele estão não só os órgãos de repressão policial e um esquema de relações públicas ocidentalizado, como também uma classe nova e forte de ricos, resultado da corrupção do regime (a Guarda Revolucionária do Irã não é uma milícia operária, é uma megaempresa, o maior centro de riqueza do país). Em segundo lugar, é preciso estabelecer uma diferença clara entre os dois candidatos principais que se opõem a Ahmadinejad, Mehdi Karroubi e Moussavi. Karroubi é um reformista que basicamente propõe uma versão iraniana do clientelismo e promete favores a todo grupo específico. Moussavi é totalmente diferente: seu nome representa a ressurreição genuína do sonho popular que sustentou a revolução de Khomeini. Ainda que tenha sido uma utopia, é preciso reconhecer nesse sonho a utopia genuína da própria revolução. Afinal, a revolução de 1979 não pode ser reduzida à tomada do poder islâmico pela linha-dura; ela foi muito mais do que isso. É hora de recordar a incrível efervescência do primeiro ano depois da revolução, quando houve uma estimulante explosão de criatividade política e social, experiências organizacionais e debates entre estudantes e pessoas comuns. O próprio fato de que essa explosão teve de ser sufocada mostra que a revolução de Khomeini foi um evento político autêntico, uma *abertura* momentânea que liberou forças de transformação social antes inimagináveis, um momento em que "tudo parecia possível". O que ocorreu a seguir foi um fechamento gradual por meio da tomada do poder político pelo *establishment* teocrático. Em termos freudianos, o recente movimento de protesto é o "retorno do recalcado" da revolução de Khomeini. O que quer que aconteça no Irã, é de importância vital não esquecer que testemunhamos um grande evento emancipatório que não se encaixa no arcabouço da luta entre liberais pró-ocidentais e fundamentalistas antiocidentais. Se nosso pragmatismo cínico nos fizer perder a capacidade de reconhecer essa dimensão emancipatória, então nós, o Ocidente, estamos de fato entrando na época pós-democrática e nos preparando para os nossos Ahmadinejads. Os italianos já conhecem seu nome: Berlusconi. Há outros na fila.

O que teve de mais, então, a Revolução Haitiana, que Hegel viu com clareza e que foi além do entusiasmo kantiano? Aqui, o que devemos acrescentar, indo além de Kant, é que há grupos sociais que, por conta dessa falta de lugar determinado na ordem "privada" da hierarquia social (em outras palavras, como "parte de parte alguma" do corpo social), representam diretamente a universalidade. O entusiasmo revolucionário propriamente comunista se enraíza de maneira incondicional na solidariedade total com essa "parte de parte alguma" e sua posição de universalidade singular. A Revolução Haitiana "fracassou" quando traiu essa solidariedade e se transformou numa nova comunidade nacionalista hierárquica, em que a nova elite negra local deu continuidade ao processo de exploração. A razão desse fracasso não foi o "atraso" do Haiti. A revolução fracassou porque estava *à frente* de seu tempo: as grandes fazendas escravagistas (em sua maioria, de cana-de-açúcar) não eram uma lembrança de sociedades pré-modernas, mas modelos de produção capitalista eficiente; a disciplina a que os escravos eram submetidos serviu de exemplo para a disciplina a que os assalariados foram submetidos mais tarde nas metrópoles capitalistas. Depois da abolição da escravatura, o novo governo negro do Haiti impôs o "militarismo agrário"; para não perturbar a exportação da cana-de-açúcar, os ex-escravos foram obrigados a continuar trabalhando em suas antigas fazendas sob as ordens dos mesmos proprietários, só que agora, tecnicamente, como assalariados "livres". A tensão que caracteriza a sociedade burguesa (o entusiasmo democrático e a liberdade pessoal coexistindo com a disciplina escravagista do trabalho), essa escravidão *na* igualdade surgiu no Haiti em sua forma mais radical. O que torna o capital excepcional é a combinação única de valores de liberdade e igualdade com os fatos da exploração e da dominação: a essência da análise de Marx é que a matriz ideológico-jurídica da igualdade-liberdade não é uma simples "máscara" que esconde a dominação-
-exploração, mas a própria *forma* em que esta última é exercida.

A exceção capitalista

Voltamos aqui a um problema recorrente: o destino da Revolução Haitiana, sua regressão a uma nova forma de domínio hierárquico (depois da morte de Dessalines), pertence à série de inversões que caracterizam as revoluções modernas: a passagem dos jacobinos para Napoleão, da Revolução de Outubro para Stalin, da Revolução Cultural de Mao para o capitalismo de Deng Xiaoping. Como devemos ler essa passagem? A segunda fase (o Termidor) é a "verdade" da primeira fase revolucionária (como às vezes Marx parece afirmar) ou apenas, em cada caso, a série eventual revolucionária se exaure?

Afirmo aqui que a Ideia comunista persiste: ela sobrevive aos fracassos de sua realização como um fantasma que retorna repetidas vezes, numa persistência interminável muito bem apreendida nas palavras já citadas de Beckett em *Pioravante marche*: "Tente de novo. Erre de novo. Erre melhor". Isso nos leva ao x da questão. Um dos mantras da esquerda pós-moderna era que finalmente deveríamos deixar para trás o paradigma "jacobino-leninista" de poder ditatorial centralizado. Mas talvez tenha chegado a hora de virar esse mantra do avesso e admitir que é exatamente de uma boa dose desse paradigma "jacobino-leninista" que a esquerda precisa hoje. Agora, mais do que nunca, é preciso insistir no que Badiou chama de ideia "eterna" de comunismo ou "invariantes" comunistas, os "quatro conceitos fundamentais" que agem desde Platão, passam pelas revoltas milenares medievais e chegam ao jacobinismo, ao leninismo e ao maoismo: *justiça igualitária* estrita, *terror* disciplinar, *voluntarismo* político e *confiança no povo*. Essa matriz não foi "superada" por uma nova dinâmica pós-moderna, pós-industrial ou pós-sei-lá-o-quê. No entanto, até o momento histórico presente essa ideia eterna funcionou exatamente como uma ideia platônica que persistia, sempre retornando depois de cada derrota. O que falta hoje, para usarmos termos teológico-filosóficos, é o vínculo privilegiado da Ideia com um momento histórico singular (da mesma maneira que, no cristianismo, o edifício divino eterno como um todo se eleva e cai com o evento contingente do nascimento e morte de Cristo).

Há algo único na constelação de hoje: muitos analistas perspicazes notaram que o capitalismo contemporâneo é um problema para essa lógica da resistência que persiste. Brian Massumi, por exemplo, formulou claramente como o capitalismo contemporâneo superou a lógica da normalidade totalizante e adotou a lógica do excesso errático[33]. E podemos complementar essa análise em muitas direções – o próprio processo de subtrair-se e criar "territórios libertados", fora do domínio do Estado, foi reapropriado pelo capital. Um bom exemplo da lógica do capitalismo global são as chamadas "Zonas Econômicas Especiais": regiões geográficas dentro de

---

[33] Ver meu *In Defense of Lost Causes* (Londres, Verso, 2008), p. 197. [Ed. bras.: *Em defesa das causas perdidas*, São Paulo, Boitempo, 2011, p. 204.]

um Estado (em geral do Terceiro Mundo) com leis econômicas mais liberais que o padrão (que permitam, por exemplo, tarifas de importação e exportação mais baixas, fluxo livre de capitais, limitação ou proibição direta de sindicatos, ausência de jornada mínima de trabalho etc.) para aumentar os investimentos externos. A própria denominação cobre toda uma série de tipos mais específicos de zonas: Zonas de Livre Comércio, Zonas de Processamento de Exportação, Zonas Livres, Parques Industriais, Portos Livres, Zonas de Desenvolvimento Urbano etc. Com sua combinação única de "abertura" (como espaço livre parcialmente isento da soberania do Estado) e cercamento (imposição de condições de trabalho não oneradas pelas liberdades garantidas por lei), que permite altos níveis de exploração, essas zonas são a contrapartida estrutural das celebradas comunidades de "mão de obra intelectual" – são o quarto termo que se deve juntar à tríade "mão de obra intelectual" *high-tech*, condomínios fechados e favelas.

Badiou também reconhece a condição *ontológica* excepcional do capitalismo, cuja dinâmica destrói todas as estruturas estáveis de representação: a tarefa executada normalmente pela atividade político-crítica (de destruir a estrutura representativa do Estado) é realizada pelo próprio capitalismo, o que constitui um problema para a noção de política "evental" de Badiou. Nas formações pré-capitalistas, todo Estado, toda totalização representacional, implicava uma exclusão inicial, um ponto de "torção sintomal", uma "parte de parte alguma", um elemento que, embora fizesse parte do sistema, não possuía lugar apropriado dentro dele; então, a política emancipatória tinha de intervir a partir da posição desse elemento excessivo ("supranumerário") que, embora fizesse parte da situação, não podia ser *explicado* em seus termos. Mas o que acontece quando o sistema não exclui mais o excesso, mas, ao contrário, postula-o diretamente como força propulsora – como acontece no capitalismo, que só pode se reproduzir por meio da autorrevolução constante, por meio da superação constante de seu próprio limite? Em outras palavras, se o evento político, a intervenção emancipatória num mundo histórico determinado, está sempre vinculado ao ponto excessivo de sua "torção sintomal", se, por definição, ele destrói os contornos desse mundo, então como fazer uma intervenção política num universo que, em si, já é sem mundo e que, para sua reprodução, não precisa mais estar contido nas restrições de um "mundo"? Como observa Alberto Toscano em uma análise perspicaz, Badiou cai em contradição quando chega à conclusão "lógica" de que, num universo "sem mundo" (que é o universo do capitalismo global de hoje), o objetivo da política emancipatória deveria ser o extremo oposto de seu *modus operandi* "tradicional"; a tarefa hoje é formar um novo mundo, propor novos Significantes-Mestres que permitam o "mapeamento cognitivo"[34].

---

[34] Alberto Toscano, "From the State to the World? Badiou and Anti-Capitalism", *Communication & Cognition*, v. 36, 2003, p. 1-2.

Os contornos do dilema deveriam estar claros. Nosso ponto de partida foi a lógica de resistência/subtração: o comunismo é uma Ideia eterna que persiste, explodindo de tempos em tempos... Mas e se, por exemplo, a Revolução Cultural Chinesa tiver representado não só o esgotamento da era partido-Estado, mas também o fim daquele mesmo processo em que os projetos emancipatórios-igualitários explodem e depois retrocedem para o curso "normal" das coisas? A série termina aqui, simplesmente porque o inimigo tomou para si a dinâmica revolucionarizante: não podemos mais jogar o jogo da subversão da Ordem a partir da posição de sua "parte de parte alguma", porque a Ordem já traz em si sua subversão permanente. Com o desdobramento total do capitalismo, é a própria vida "normal" que, de certo modo, se "carnavaliza", com suas inversões, crises e reinvenções constantes, e hoje, mais do que nunca, é a crítica do capitalismo, a partir de uma posição ética "estável", que parece exceção.

Aqui, a verdadeira pergunta é: como a externalidade em relação ao Estado pode ser operacionalizada? Já que a Revolução Cultural assinala o fracasso da tentativa de destruir de dentro, de abolir o Estado, a alternativa é simplesmente aceitar o Estado como fato, como o aparelho que cuida do "serviço de bens", e trabalhar a certa distância (bombardeando o Estado com demandas e proclamações impositivas)? Ou, de modo mais radical, deveríamos almejar a subtração *do* campo hegemônico que, ao mesmo tempo, intervém violentamente *nesse* campo, reduzindo-o à diferença mínima ocluída? Essa subtração é extremamente violenta, mais violenta ainda que a destruição/purificação: é a redução à diferença mínima entre parte(s) e parte alguma, 1 e 0, grupos e proletariado. Não é apenas uma subtração do sujeito *do* campo hegemônico, mas uma subtração que *afeta* violentamente esse campo, e desnuda suas verdadeiras coordenadas. Essa subtração não acrescenta uma terceira posição às duas cuja tensão caracteriza o campo hegemônico (de modo que temos agora, ao lado do liberalismo e do fundamentalismo, uma política emancipatória de esquerda radical). O terceiro termo, na verdade, "desnaturaliza" todo o campo hegemônico, trazendo à luz a cumplicidade subjacente entre os polos opostos que o constituem. Nisso reside o dilema da subtração: é uma subtração/afastamento que deixa intacto o campo do qual se subtrai (ou até funciona como seu complemento inerente, como a "subtração" ou o recuo da realidade social para o verdadeiro Eu, proposta pela meditação da Nova Era) ou perturba violentamente o campo do qual se retira? "Subtração" é, portanto, o que Kant chamou de conceito anfíbio. Parafraseando Lenin, podemos dizer que tudo, até e inclusive o destino dos movimentos emancipatórios radicais de hoje, depende de como lemos esse conceito, de que palavra será atribuída a ele ou dissociada dele.

A "subtração" de Badiou, como a *Aufhebung* de Hegel, contém três camadas diferentes de significado: (1) recuar, desconectar; (2) reduzir a complexidade de uma situação a sua diferença mínima; (3) destruir a ordem existente. Como em Hegel, a solução não é diferenciar os três significados (propondo finalmente um termo específico para cada um deles), mas entender a subtração como a unidade de suas três dimensões: é preciso recuar para não afundar numa situação, de tal maneira que o recuo torne visível a "diferença mínima" que sustenta a multiplicidade da situação e, portanto, cause sua desintegração, assim como a retirada de uma única carta do castelo de cartas provoca o desmoronamento de todo o edifício.

É claro que a "desterritorialização" emancipatório-igualitária não é o mesmo que a forma capitalista pós-moderna, mas ainda assim muda radicalmente os termos da luta emancipatória. Em particular, o inimigo não é mais a ordem hierárquica estabelecida de um Estado. Como, então, revolucionaremos uma ordem cujo próprio princípio é a autorrevolução constante? Mais do que solução para os problemas que enfrentamos hoje, o comunismo é, em si, o nome do problema: o nome da difícil tarefa de romper os limites da estrutura de mercado e Estado, tarefa para a qual não há fórmula fácil à mão. "É exatamente o simples que é difícil, tão difícil de fazer", como explica Brecht em "Louvor do comunismo".

A resposta hegeliana é que o problema ou impasse é sua própria solução, mas não no sentido simples e direto de que o capitalismo já é, em si, comunismo e só é necessária uma reversão puramente formal. Minha sugestão é antes a seguinte: e se o capitalismo global de hoje, precisamente na medida em que é "sem mundo" e envolve uma ruptura constante de toda ordem fixa, abrir espaço para uma revolução que rompa o círculo vicioso de revolta e reinscrição – em outras palavras, não siga o padrão da explosão eventual seguida do retorno à normalidade – e assuma a tarefa de um *novo "ordenamento" contra a desordem capitalista global*? Da revolta, passaremos desavergonhadamente para a imposição de uma nova ordem. (Essa não é uma das lições da crise financeira atual?) É por isso que o foco no capitalismo é fundamental se quisermos realizar a Ideia comunista: o capitalismo "sem mundo" contemporâneo muda radicalmente as coordenadas da luta comunista – o inimigo não é mais o Estado a ser solapado a partir de seu ponto de torção sintomal, mas o fluxo de autorrevolução permanente.

Em consequência, quero propor dois axiomas concernentes à relação entre Estado e política: (1) o fracasso da política do partido-Estado comunista é, primeiramente e acima de tudo, o fracasso da política antiestatal, da tentativa de romper as restrições do Estado, de substituir as formas estatais de organização pelas formas não representativas "diretas" de auto-organização ("conselhos"); (2) quem não tem uma ideia clara do que substituirá o Estado não tem o direito de subtrair-se/retirar-se do Estado. A verdadeira tarefa não é afastar-se do Estado, mas fazê-lo funcionar de modo não estatal. A alternativa entre "lutar pelo poder de Estado (que nos torna iguais ao inimigo que combatemos) ou resistir, retirando-se para uma posição de distância do Estado" é falsa; ambos os termos partem da mesma premissa de que a forma Estado, da maneira que a conhecemos hoje, veio para ficar, de modo que ou tomamos o Estado ou nos afastamos dele. Aqui, devemos repetir sem nenhuma vergonha a lição de *O Estado e a revolução**, de Lenin: o objetivo da violência revolucionária não é tomar o poder de Estado, mas transformá-lo, mudar radicalmente seu funcionamento, sua relação com a base e assim por diante[35]. Nisso reside o componente fundamental da "ditadura do proletariado".

A única conclusão apropriada que se deve tirar daí é que a "ditadura do proletariado" é um tipo (necessário) de oximoro, *não* uma forma de Estado em que o proletariado passa a ser a classe dominante. Só lidamos com a "ditadura do proletariado" quando o próprio Estado é radicalmente transformado, com base em novas formas de participação popular. Foi por isso que houve mais do que hipocrisia no fato de, no auge do stalinismo, quando todo o edifício social havia sido abalado pelos expurgos, a nova constituição ter proclamado o fim do caráter de "classes" do poder soviético (o direito de voto foi devolvido aos membros das classes previamente excluídas) e os regimes socialistas terem sido chamados de "democracias populares" – indicação segura de fato de que não eram "ditaduras do proletariado". Mais uma vez, porém, como podemos realizar essa "ditadura"?

Capitalismo de valores asiáticos... na Europa

Peter Sloterdijk (que definitivamente não está do nosso lado, mas também não é nenhum idiota) observou que, se existe alguém a quem se erguerão monumentos daqui a cem anos, esse alguém é Lee Quan Yew, líder singapurense que inventou e realizou o chamado "capitalismo de valores asiáticos". O vírus dessa forma autoritária de capitalismo está se disseminando lenta e continuamente pelo mundo. Antes de pôr em prática suas reformas, Deng Xiaoping visitou Singapura e louvou-a expressamente como o modelo que toda a China deveria seguir. Essa evolução tem um significado histórico mundial: até agora, o capitalismo parecia ter um vínculo inextricável com a democracia; é claro que, de vez em quando, houve reincidências na ditadura direta, mas uma ou duas décadas depois a democracia impunha-se de novo (como no caso da Coreia do Sul e do Chile). Hoje, contudo, esse vínculo entre democracia e capitalismo foi rompido definitivamente.

---

* São Paulo, Expressão Popular, 2007. (N. E.)
[35] O próprio Badiou estava no caminho certo quando escreveu, anos atrás: "A percepção do mundo como mercado global, como reinado indiviso de grandes conglomerados financeiros etc., é uma realidade indiscutível, uma realidade que corresponde, em essência, à análise de Marx. A pergunta é: onde entra a política nisso tudo? Que tipo de política é realmente heterogênea em relação ao que o capital exige? Essa é a questão hoje" (*Ethics*, Nova York, Verso, 2002 [ed. bras.: *Ética*, Rio de Janeiro, Relume Dumará, 1995]). A implicação dessas linhas é que, hoje, a política emancipatória autêntica tem de se definir pela oposição ativa ao universo do capital; tem de ser "anticapitalista".

Diante da explosão do capitalismo na China, os analistas costumam se perguntar quando a democracia política, como acompanhamento político "natural" do capitalismo, se afirmará. Uma análise mais atenta, contudo, logo desfaz essa esperança: e se o prometido segundo estágio democrático que sucede ao vale de lágrimas autoritário nunca chegar? Talvez isso é que seja tão perturbador na China de hoje: a desconfiança de que sua versão de capitalismo autoritário não seja um mero resíduo do passado, uma repetição do processo de acumulação capitalista que vicejou na Europa dos séculos XVI ao XVIII, mas um sinal do futuro. E se a "cruel combinação de cnute asiático com bolsa de valores europeia" (descrição de Trotsky da Rússia czarista) se mostrar economicamente mais eficiente que o capitalismo liberal? E se assinalar que a democracia como a entendemos não é mais a condição e a força motriz do desenvolvimento econômico, mas um obstáculo?

Alguns esquerdistas ingênuos afirmam que o legado da Revolução Cultural e do maoismo em geral é que age como força contrária ao capitalismo desregrado, impedindo seus piores excessos, mantendo um mínimo de solidariedade social. E se for exatamente o contrário? E se a Revolução Cultural, com a extinção violenta das tradições passadas, tiver sido o "choque" que criou as condições para a explosão capitalista subsequente, numa espécie de artimanha não premeditada da Razão e, por isso mesmo, de uma ironia ainda mais cruel? E se tivermos de acrescentar a China à lista de Naomi Klein dos Estados em que uma catástrofe natural, militar ou social abriu caminho para uma nova explosão capitalista[36]?

A suprema ironia da história, portanto, é que o próprio Mao criou as condições ideológicas para o desenvolvimento rápido do capitalismo na China quando rompeu o tecido da sociedade tradicional. Qual foi seu chamado ao povo durante a Revolução Cultural, em especial aos jovens? Não espere que alguém lhes diga o que fazer, vocês têm o direito de se rebelar! Portanto, pensem e ajam por conta própria, destruam as relíquias culturais, denunciem e ataquem não só os mais velhos, mas também as autoridades do governo e do partido! Varram os mecanismos repressores do Estado e organizem-se em comunas! E o chamado de Mao foi ouvido: o que se viu em seguida foi uma explosão de paixão irrestrita pela deslegitimação de todas as formas de autoridade, ao ponto de, no fim, Mao ter de chamar o Exército para recuperar certa

---

[36] Em *A doutrina do choque*, Klein tem um capítulo sobre a China no qual situa o choque que pôs em movimento o desenvolvimento capitalista não na Revolução Cultural, mas nas manifestações da Praça da Paz Celestial e em sua violenta repressão. A bela ironia desse vínculo é que o capitalismo foi oferecido ao povo chinês como resposta a suas exigências: "Querem democracia? Aqui está seu verdadeiro alicerce!". No entanto, é duvidoso que os eventos da Praça da Paz Celestial tenham sido realmente um choque profundo na China como um todo.

ordem. O paradoxo é que a principal batalha da Revolução Cultural não foi entre o aparelho do Partido Comunista e seus inimigos tradicionalistas, mas entre o Exército e o Partido, de um lado, e as forças que o próprio Mao trouxe à vida, de outro[37].

É claro que isso não significa que devemos renunciar à democracia em nome do progresso capitalista, mas sim que devemos enfrentar as limitações da democracia parlamentar, habilmente formuladas por Noam Chomsky quando observou que "só quando a ameaça de participação popular é superada é que as formas democráticas podem ser contempladas com segurança"[38]. Com isso, ele identificou o âmago "apassivador" da democracia parlamentar, que a torna incompatível com a auto-organização política direta do povo.

Walter Lippmann, ícone do jornalismo norte-americano do século XX, teve papel fundamental no autoentendimento da democracia dos Estados Unidos. Embora politicamente progressista (defendia uma política justa em relação à União Soviética etc.), propôs uma teoria dos meios de comunicação públicos que teve um arrepiante efeito de verdade. Cunhou a expressão "fabricar consenso", que Chomsky tornou famosa depois – apesar de Lippmann a entender de modo positivo. Em *Public Opinion*, publicado em 1922, escreveu que a "classe governante" deve se erguer para enfrentar o desafio – via o público como Platão, como a grande besta ou o rebanho desorientado, afundando no "caos das opiniões locais"[39]. Por isso, o rebanho de cidadãos tem de ser governado por "uma classe especializada cujos interesses vão além do local"; essa elite deve agir como uma máquina de conhecimento que contorne o defeito primário da democracia, o ideal impossível do "cidadão onicompetente". É desse modo que nossas democracias funcionam, e com nosso consentimento. Não há mistério no que Lippmann dizia, é um fato óbvio; o mistério é que, sabendo disso, continuamos a jogar o jogo. Agimos *como se* fôssemos livres para escolher, enquanto silenciosamente não só aceitamos, como até *exigimos* que uma injunção invisível (inscrita na própria forma de nosso compromisso com a "liberdade de expressão") nos diga o que fazer e o que pensar. Como Marx observou há muito tempo, o segredo está na própria forma.

Nesse sentido, na democracia, cada cidadão comum é de fato um rei – mas um rei numa democracia constitucional, um monarca que decide apenas formalmente, cuja

---

[37] Indagado sobre seu próximo projeto, Jia Zhang Ke, diretor de cinema que se concentrava, até então, no impacto subjetivo do desenvolvimento capitalista explosivo da China, respondeu: "Uma obra de ficção situada no período entre 1970 e 1975. Dois grupos de jovens lutam pelo controle de uma cidade durante a Revolução Cultural. [...] Acho realmente que a resposta à pergunta que se faz hoje na China, toda essa relação com o desenvolvimento, está profundamente enraizada na Revolução Cultural, no que aconteceu naquela época". (Do livreto que acompanha a edição em DVD pelo British Film Institute de *Still Life* [no Brasil, *Em busca da vida*], p. 16.) Aqui, Jia Zhang Ke mostra uma visão refinada do vínculo entre a Revolução Cultural e a revolução capitalista em curso.
[38] Noam Chomsky, *Necessary Illusions* (Cambridge, South End Press, 1999), p. 69.
[39] Walter Lippman, *Public Opinion* (Charleston, BiblioLife, 2008).

função é apenas assinar as medidas propostas pelo governo executivo. É por isso que o problema dos rituais democráticos é semelhante ao grande problema da monarquia constitucional: como proteger a dignidade do rei? Como manter a aparência de que o rei toma as decisões, quando todos sabemos que isso não é verdade? Trotsky estava certo então em sua crítica básica à democracia parlamentar: não é que ela dê poder demais às massas não instruídas, mas que, paradoxalmente, *apassive as massas, deixando a iniciativa para o aparelho do poder estatal* (ao contrário dos "sovietes", em que as classes trabalhadoras se mobilizam e exercem o poder diretamente)[40]. Por conseguinte, o que chamamos de "crise da democracia" não ocorre quando os indivíduos deixam de acreditar em seu poder, mas, ao contrário, quando deixam de confiar nas elites, que supostamente sabem por eles e fornecem as diretrizes, quando vivenciam a angústia que acompanha o reconhecimento de que "o (verdadeiro) trono está vazio", de que a decisão agora é *realmente* deles. É por isso que, nas "eleições livres", há sempre um aspecto mínimo de boa educação: os que estão no poder fingem educadamente que não detêm de fato o poder e nos pedem para decidir livremente se queremos lhes dar o poder – num modo que imita a lógica do gesto feito para ser recusado.

Nos termos da Vontade: a democracia representativa, em sua própria noção, envolve um apassivamento da Vontade popular, sua transformação em não vontade – a vontade é transferida para um agente que representa o povo e a exerce em seu nome. Portanto, sempre que alguém é acusado de destruir a democracia, a resposta que deve dar é uma paráfrase daquela que Marx e Engels deram no *Manifesto Comunista* a uma crítica semelhante (de que o comunismo destrói a família, a propriedade, a liberdade etc.): a própria ordem dominante já faz toda a destruição necessária. Do mesmo modo que liberdade (de mercado) é falta de liberdade para os que vendem sua força de trabalho e a família é destruída pela família burguesa enquanto prostituição legalizada, a democracia é destruída pela forma parlamentar com o apassivamento concomitante da imensa maioria, assim como pelo crescente poder executivo implicado na lógica cada vez mais influente do estado de emergência.

Badiou propôs uma distinção entre dois tipos (ou melhor, níveis) de corrupção na democracia: a corrupção empírica de fato e a corrupção pertencente à própria forma da democracia, com a redução da política à negociação de interesses privados. Essa lacuna é visível naqueles casos raros de político "democrático" honesto que, ao mesmo tempo que combate a corrupção empírica, sustenta o espaço formal da corrupção. (É claro que também há o caso oposto de político empiricamente corrupto que age em nome da ditadura da virtude.) Nos termos da distinção benjaminiana entre violência constituída e constituinte, podemos dizer que se trata de uma diferença entre corrupção

---

[40] Ver Leon Trotsky, *Terrorism and Communism* (Londres, Verso, 2007). [Ed. bras.: *Terrorismo e comunismo*, Rio de Janeiro, Saga, 1969.]

"constituída" (casos empíricos de desrespeito à lei) e corrupção "constituinte" da própria forma democrática de governo:

> Pois se democracia significa representação, é antes de tudo a representação do sistema geral que gera suas formas. Em outras palavras, a democracia eleitoral só é representativa na medida em que é, antes de tudo, a representação consensual do capitalismo ou do que hoje foi rebatizado de "economia de mercado". Essa é sua corrupção subjacente [...].[41]

Devemos entender essas linhas no mais estrito sentido transcendental: é claro que, no nível empírico, a democracia liberal multipartidária "representa" – reflete, registra, mede – a dispersão quantitativa de opiniões diferentes, o que todos pensam dos programas propostos pelos partidos, de seus candidatos etc.; entretanto, antes desse nível empírico e num sentido "transcendental" muito mais radical, a democracia liberal multipartidária *"representa" – exemplifica – uma certa visão da sociedade, da política e do papel dos indivíduos dentro dela*. A democracia liberal "representa" uma visão muito precisa da vida social, em que a política se organiza em partidos que concorrem em eleições para exercer o controle dos aparelhos legislativo e executivo do Estado e assim por diante. É preciso ter sempre em mente que essa "estrutura transcendental" nunca é neutra; ela privilegia determinados valores e práticas. Essa não neutralidade se torna palpável em momentos de crise ou indiferença, quando vivenciamos a incapacidade do sistema democrático de registrar o que o povo realmente quer ou pensa – incapacidade assinalada por fenômenos anômalos como as eleições de 2005 no Reino Unido, em que, apesar da crescente impopularidade de Tony Blair (que era escolhido regularmente como pessoa mais impopular do país), não houve como esse descontentamento encontrar uma expressão politicamente eficaz. É óbvio que havia algo muito errado – não é que o povo "não soubesse o que queria", mas a resignação cínica o impediu de agir com base nisso, de modo que o resultado foi uma lacuna estranha entre o que o povo pensava e como agiu (votou).

Platão, em sua crítica da democracia, conhecia bem essa segunda forma de corrupção, e sua crítica é claramente perceptível no privilégio que os jacobinos dão à Virtude: na democracia, no sentido da representação de uma pluralidade de interesses privados e da negociação entre eles, não há lugar para a Virtude. É por isso que, na revolução proletária, a democracia tem de ser substituída pela *ditadura* do proletariado.

Não há razão para desprezar as eleições democráticas; a questão é que devemos insistir que elas não são *per se* uma indicação da Verdade; ao contrário, via de regra tendem a refletir a doxa predominante determinada pela ideologia hegemônica. Vejamos um exemplo que, com certeza, não é problemático: a França em 1940. Até Jacques Duclos, o segundo na hierarquia do Partido Comunista Francês, admitiu em conversa particular

---

[41] Alain Badiou, *The Meaning of Sarkozy*, cit., p. 91.

que, se tivessem ocorrido eleições livres na França naquela época, o marechal Pétain teria vencido com 90% dos votos. Quando De Gaulle, num ato histórico, rejeitou a capitulação diante da Alemanha e afirmou que apenas ele, e não o regime de Vichy, falava pela verdadeira França (não só pela "maioria dos franceses"!), o que disse foi uma verdade profunda, ainda que, "democraticamente" falando, não só não tivesse legitimação, como também fosse claramente oposto à opinião da maioria do povo francês. *Podem* ocorrer eleições democráticas que representam um evento de Verdade, eleições em que, contra a inércia cínico-cética, a maioria "acorda" por alguns instantes e vota contra a hegemonia da opinião ideológica. No entanto, a própria natureza excepcional dessa ocorrência prova que as eleições, como tais, não são veículo da Verdade.

É isso, o potencial autêntico da democracia, que está perdendo terreno hoje para a ascensão do capitalismo autoritário, cujos tentáculos vêm se aproximando cada vez mais do Ocidente. De acordo, é claro, com os "valores" de cada país: o capitalismo de Putin, com seus "valores russos" (demonstração violenta de poder), o capitalismo de Berlusconi, com seus "valores italianos" (exibicionismo cômico). Tanto Putin quanto Berlusconi governam democracias que se reduzem cada vez mais a conchas vazias ritualizadas e, apesar da piora rápida da situação econômica, ambos gozam de alto nível de apoio popular (mais de 60% nas pesquisas). Não admira que sejam amigos pessoais: ambos têm pendor para explosões escandalosas, "espontâneas" e ocasionais (que, pelo menos no caso de Putin, são preparadas com antecedência para se adequar ao "caráter nacional" russo). De vez em quando, Putin gosta de empregar palavrões ou fazer ameaças obscenas; há cerca de dois anos, quando um jornalista ocidental lhe fez uma pergunta desagradável sobre a Chechênia, Putin respondeu que, se o jornalista ainda não tivesse sido circuncidado, estava cordialmente convidado a ir a Moscou, onde excelentes cirurgiões fariam o serviço com prazer...

Do lucro à renda

De onde vem esse ressurgimento da autoridade direta e não democrática? Acima e além de todos os fatores culturais envolvidos, há uma necessidade interna na própria lógica do capitalismo contemporâneo. Ou seja, o problema central que enfrentamos hoje é que a predominância (ou até o papel hegemônico) do "trabalho intelectual" dentro do capitalismo tardio afeta o esquema básico de Marx de separação entre o trabalho e suas condições objetivas, e da revolução como reapropriação subjetiva dessas condições. Em esferas como a internet, produção, troca e consumo são profundamente entrelaçados e até potencialmente identificados: meu produto é comunicado e consumido por outra pessoa de forma instantânea. Portanto, a noção clássica de Marx de fetichismo da mercadoria, em que as "relações entre pessoas" assumem a forma de "relações entre coisas", tem de ser radicalmente repensada: no "trabalho imaterial", as "relações entre pessoas" escondem-se menos "sob o verniz da objetividade e são elas mesmas o material de nossa exploração cotidiana"[42], de modo que não podemos mais falar de "reificação" no sentido lukacsiano clássico. Longe de ser invisível, a relacionalidade social, em sua própria fluidez, é o próprio objeto de comércio e troca: no "capitalismo cultural", não se vendem (nem se compram) mais objetos que "trazem" experiências culturais ou afetivas, mas vendem-se (e compram-se) diretamente essas experiências.

Apesar de admitirmos que Negri realmente tenha captado a questão fundamental, a resposta dele parece inadequada. Seu ponto de partida é a tese de Marx sobre a transformação radical do *status* do "capital fixo", apresentada nos *Grundrisse*:

> O desenvolvimento do capital fixo indica até que ponto o saber social geral, conhecimento, deveio *força produtiva imediata* e, em consequência, até que ponto as próprias condições do processo vital da sociedade ficaram sob o controle do intelecto geral e foram reorganizadas em conformidade com ele. Até que ponto as forças produtivas da sociedade são produzidas, não só na forma do saber, mas como órgãos imediatos da práxis social; do processo real da vida.[43]

Com o desenvolvimento do conhecimento social geral, a "força produtiva de trabalho" é "em si a maior força produtiva. Do ponto de vista do processo de produção direta, pode ser vista como a produção de capital fixo, sendo esse capital fixo o próprio homem"[44]. E, mais uma vez, como o capital organiza sua exploração apresentando-se como "capital fixo" contra a mão de obra viva, no momento em que o componente principal do capital fixo passa a ser o "próprio homem", seu "conhecimento social geral", o próprio alicerce social da exploração capitalista, é minado e o papel do capital se torna puramente parasitário. Da perspectiva de Negri, com a mídia interativa global de hoje, a criatividade não é mais individual, mas imediatamente coletivizada, faz parte das "áreas comuns", de modo que qualquer tentativa de privatizá-la por *copyright* se torna problemática – nesse caso, cada vez mais ao pé da letra, "propriedade é roubo". O que dizer então de uma empresa, como a Microsoft, que faz exatamente isso, organiza e explora a sinergia coletiva de singularidades cognitivas criativas? Parece que a única tarefa remanescente é imaginar como os trabalhadores cognitivos vão "eliminar os chefes, porque o controle industrial sobre o trabalho cognitivo está completamente *dépassé* [ultrapassado]"[45]. O que os novos movimentos sociais assinalam é que "a época

---
[42] Nina Power, "Dissing", *Radical Philosophy*, n. 154, p. 55.
[43] Karl Marx, *Grundrisse*, cit., p. 589
[44] Karl Marx, *Grundrisse*, cit.
[45] Toni Negri, *Goodbye Mr. Socialism* (Roma, Feltrinelli, 2006), p. 234. [Ed. port.: *Adeus, sr. Socialismo*, Porto, Ambar, 2007.]

do salário acabou e passamos do confronto entre trabalho e capital referente aos salários para o confronto entre a multidão e o Estado referente à instauração da renda do cidadão"[46]. Aí reside a característica básica da "transição social revolucionária de hoje": "É preciso levar o capital a reconhecer o peso e a importância do bem comum, e, se o capital não está pronto para isso, é preciso obrigá-lo"[47]. Observemos a formulação precisa de Negri: não "abolir" o capital, mas "obrigá-lo" a reconhecer o bem comum; em outras palavras, permanecemos no capitalismo. Se existem ideias utópicas, essa, sem dúvida, é uma delas. Eis como Negri descreve a proximidade do capitalismo biopolítico contemporâneo com a afirmação direta da produtividade da multidão:

> O quadro é de circulação de mercadorias, redes de informações, movimentos contínuos e nomadismo radical da mão de obra e exploração feroz dessa dinâmica [...] mas também de *excesso* constante e inexaurível, poder biopolítico da multidão e seu excesso em relação à capacidade controladora estrutural das instituições dominantes. Toda a energia disponível é posta para trabalhar, a sociedade é posta para trabalhar [...]. Nessa totalidade explorada e nessa injunção de trabalhar há uma liberdade intransitiva que é irredutível ao controle que tenta subjugá-la. Embora a liberdade possa funcionar contra si mesma [...], ainda se abrem linhas de voo nessa ambivalência: o sofrimento costuma ser produtivo, mas nunca revolucionário; o que é revolucionário é excesso, transbordamento e poder.[48]

O que encontramos aqui é o padrão da matriz pós-hegeliana de fluxo produtivo sempre em excesso com relação à totalidade estrutural que tenta subjugá-lo e controlá-lo... Mas e se, numa mudança paralática, percebermos *a própria rede capitalista como o verdadeiro excesso, além do fluxo da multidão produtiva?* E se, enquanto produz vida diretamente, a produção contemporânea da multidão continuar a produzir um excesso (que até funcionalmente é supérfluo), o excesso de Capital? Por que as relações imediatamente produzidas ainda precisam do papel mediador das relações capitalistas? E se o verdadeiro enigma for por que o movimento "molecular" nômade e contínuo precisa de uma estrutura "molar" parasita que (enganosamente) parece um obstáculo à sua produtividade desregrada? Por que, no momento em que abolimos esse obstáculo/excesso, perdemos o fluxo produtivo limitado pelo excesso parasita? Isso significa também que temos de inverter a questão do fetichismo, das "relações entre pessoas" que surgem "como relações entre coisas": e se a "produção de vida" direta louvada por Hardt e Negri for falsamente transparente? E se, nela, as relações invisíveis "entre coisas [imateriais do Capital] surgem como relações diretas entre pessoas"?

---

[46] Ibidem, p. 204.
[47] Ibidem, p. 235.
[48] Idem, "On Rem Koolhaas", *Radical Philosophy*, v. 154, p. 49.

Aqui, mais do que nunca, é fundamental recordar a lição da dialética marxista da fetichização: a "reificação" das relações entre pessoas (o fato de assumirem a forma de relações fantasmagóricas "entre coisas") é sempre duplicada pelo processo aparentemente oposto, pela falsa "personalização" ("psicologização") do que, efetivamente, são processos sociais objetivos. Já na década de 1930, a primeira geração de teóricos da Escola de Frankfurt chamou a atenção para o fato de que, no mesmo momento em que as relações do mercado global começaram a exercer dominação total, tornando o sucesso ou o fracasso do produtor individual dependente de ciclos de mercado completamente fora de seu controle, a noção de "gênio comercial" carismático se reafirmou na "ideologia capitalista espontânea", atribuindo o sucesso ou o fracasso do homem de negócios a um *je ne sais quoi* misterioso que ele possuiria. O mesmo não valeria ainda mais nos dias de hoje, em que a abstração das relações de mercado que governam nossa vida é levada ao extremo? Nas livrarias há uma superabundância de manuais de psicologia que nos ensinam como ter sucesso, como superar sócios e concorrentes, em resumo, tratam o sucesso como se este dependesse de uma "atitude" apropriada. De certo modo, ficamos tentados a virar a fórmula de Marx de cabeça para baixo: sob o capitalismo contemporâneo, as "relações entre coisas", que no mercado são objetivas, tendem a assumir a forma fantasmagórica de relações pseudopersonalizadas "entre pessoas". E Hardt e Negri parecem cair na armadilha: o que louvam como "produção direta de vida" é uma ilusão estrutural desse tipo.

No entanto, antes de começarmos a lamentar o efeito "alienador" do fato de que as "relações entre pessoas" são substituídas por "relações entre coisas", devemos ter em mente o efeito oposto, o efeito *libertador*: o deslocamento do fetichismo para as "relações entre coisas" desfetichiza as "relações entre pessoas", permitindo-lhes adquirir autonomia e liberdade "formais". Enquanto na economia de mercado permaneço dependente de fato, essa dependência é "civilizada", encenada na forma de troca de mercado "livre" entre mim e outras pessoas, e não na forma de coação física ou servidão direta. É fácil ridicularizar Ayn Rand, mas há certa verdade no famoso "hino ao dinheiro" de *Quem é John Galt?*:

> Até e a menos que descubra que o dinheiro é a raiz de todo bem, você está pedindo por sua própria destruição. Quando o dinheiro deixa de ser o meio pelo qual os homens lidam uns com os outros, os homens se tornam ferramentas de outros homens. Sangue, açoite e armas, ou dólares. Faça a sua escolha – não há outra.[49]

A fórmula de Marx de que, numa economia de mercadorias, "as relações entre pessoas assumem a forma de relações entre coisas" não diz algo parecido? Na economia

---

[49] Ayn Rand, *Atlas shrugged* (Londres, Penguin, 2007), p. 871. [Ed. bras.: *Quem é John Galt?*, Rio de Janeiro, Expressão e Cultura, 1999.]

de mercado, as relações entre pessoas podem parecer relações de liberdade e igualdade mutuamente reconhecidas: a dominação não é mais encenada de forma direta nem visível como tal. O problema é a premissa subjacente de Rand: a única escolha é entre as relações diretas e indiretas de dominação e exploração.

E a crítica-padrão à "liberdade formal", a saber, que de certo modo ela é pior que a servidão direta, já que é uma máscara que ilude o indivíduo, fazendo-o pensar que é livre? A resposta a esse ponto crítico é dada pelo velho mote de Herbert Marcuse de que "a liberdade é a condição da libertação": para exigir "liberdade real", preciso já ter vivenciado a mim mesmo como básica e essencialmente livre; só como tal posso vivenciar minha servidão real como corrupção de minha condição humana. No entanto, para vivenciar esse antagonismo entre minha liberdade e a realidade de minha servidão tenho de ser reconhecido como formalmente livre: a exigência de liberdade real só pode surgir a partir de minha liberdade "formal". Em outras palavras, do mesmo modo que, no desenvolvimento do capitalismo, a subsunção formal do processo de produção sob o Capital precede sua subsunção material, a liberdade formal precede a liberdade real, criando condições para esta última. A mesma força de abstração que dissolve mundos-vida orgânicos é, ao mesmo tempo, fonte de política emancipatória. As consequências filosóficas dessa condição real de abstração são cruciais: elas nos obrigam a rejeitar a relativização historicista e a contextualização de diferentes modos de subjetividade e afirmar o sujeito cartesiano "abstrato" (*cogito*) como algo que hoje corrói por dentro todas as diferentes formas de autovivência cultural; não importa até que ponto percebemos a nós mesmos como imbuídos numa cultura específica, no momento em que participamos do capitalismo global essa cultura é sempre já desnaturalizada e funciona de fato como um "estilo de vida" específico e contingente da subjetividade cartesiana abstrata.

Como chegamos a essa nova fase do reinado da abstração? Os protestos de 1968 concentraram sua luta contra (o que era percebido como) os três pilares do capitalismo: a fábrica, a escola e a família. Como resultado, cada domínio foi submetido subsequentemente a uma transformação pós-industrial: o trabalho nas fábricas foi sendo cada vez mais terceirizado ou reorganizado, pelo menos no mundo desenvolvido, de acordo com um trabalho de equipe interativo, não hierárquico e pós-fordista; a educação privatizada permanente e flexível substituiu cada vez mais a educação pública universal; múltiplas formas de arranjos sexuais variados substituíram a família tradicional[50]. A esquerda perdeu no momento mesmo da vitória: o inimigo imediato foi derrotado, mas substituído por uma nova forma de dominação capitalista ainda mais direta. No capitalismo "pós-moderno", o mercado invadiu novas esferas até então consideradas domínio privilegiado do Estado, da educação às prisões e à manu-

---

[50] Ver Daniel Cohen, *Trois leçons sur la société post-industrielle* (Paris, Seuil, 2006).

tenção da lei e da ordem. Quando o "trabalho imaterial" (educação, terapia etc.) é louvado como um tipo de trabalho que produz diretamente relações sociais, devemos lembrar o que isso significa numa economia de mercadorias, isto é, novos domínios, até então excluídos do mercado, são mercantilizados. Quando temos um problema, não conversamos mais com um amigo, mas pagamos um psiquiatra ou consultor para resolvê-lo; nossos filhos são cada vez mais criados não pelos pais, mas por creches e babás etc. Portanto, estamos no meio de um novo processo de privatização do social, de criação de novos cercamentos.

Para entender essas novas formas de privatização, precisamos transformar criticamente o aparelho conceitual de Marx. Por negligenciar a dimensão social do "intelecto geral", Marx não considerou a possibilidade de *privatização do próprio "intelecto geral"*, e é isso que está no âmago da luta pela "propriedade intelectual". Negri acerta neste ponto: dentro desse arcabouço, a exploração no sentido marxista clássico não é mais possível, por isso tem de ser cada vez mais imposta por medidas legais diretas, isto é, por meios não econômicos. Por isso, hoje, a exploração assume cada vez mais a forma de renda: como explica Carlo Vercellone, o capitalismo pós-industrial caracteriza-se pelo "ato de o lucro tornar-se renda"[51]. E por isso a autoridade direta é necessária: para impor as condições legais (arbitrárias) para extrair renda, condições que não são mais geradas "espontaneamente" pelo mercado. Talvez resida aí a "contradição" fundamental do capitalismo "pós-moderno" de hoje: enquanto sua lógica é desreguladora, "antiestatal", nômade, desterritorializadora etc., sua tendência fundamental ao "ato de o lucro tornar-se renda" assinala o fortalecimento do papel do Estado, cuja função reguladora é ainda mais onipresente. A desterritorialização dinâmica coexiste com e baseia-se em intervenções cada vez mais autoritárias do Estado e de seus aparelhos legais e outros. Portanto, o que podemos discernir no horizonte de nosso tornar-se histórico é uma sociedade em que o hedonismo e o libertarianismo pessoal coexistem com (e são sustentados por) uma rede complexa de mecanismos estatais reguladores. Hoje, longe de extinguir-se, o Estado acumula forças.

Em outras palavras, quando as formas de riqueza se tornam cada vez mais "desproporcionais ao tempo de trabalho direto gasto em sua produção", em razão do papel crucial do "intelecto geral" (conhecimento e cooperação social) na criação da riqueza, o resultado não é, como Marx parecia esperar, a autodissolução do capitalismo, mas sim a transformação relativa gradual do lucro gerado pela exploração da força de trabalho em renda apropriada pela privatização desse mesmo "intelecto geral". Vejamos o caso de Bill Gates: como ele se tornou o homem mais rico do mundo? Sua riqueza não tem nada a ver com o custo de produção das mercadorias vendidas pela

---

[51] Ver Carlo Vercellone (org.), *Capitalismo cognitivo* (Roma, Manifestolibri, 2006).

Microsoft (podemos argumentar até que a Microsoft paga um salário relativamente alto a seus funcionários). Não é resultado da produção de bons *softwares* a preços mais baixos que os de seus concorrentes, ou de níveis mais altos de "exploração" de seus funcionários. Se fosse esse o caso, a Microsoft já teria falido há muito tempo: a maioria das pessoas teria escolhido programas como o Linux, que são gratuitos e, segundo os especialistas, melhores que os da Microsoft. Por que então milhões de pessoas ainda compram da Microsoft? Porque ela conseguiu se impor como padrão quase universal, monopolizando o setor (na prática), numa espécie de personificação direta do "intelecto geral". Gates tornou-se em duas décadas o homem mais rico do mundo apropriando-se da renda recebida por permitir que milhões de trabalhadores intelectuais participassem dessa forma específica de "intelecto geral" que ele conseguiu privatizar e controlar até hoje. Então é verdade que, hoje, os trabalhadores intelectuais não se separam mais das condições objetivas de seu trabalho (possuem seus próprios computadores etc.), que é a descrição que Marx faz da "alienação" capitalista? Superficialmente, ficamos tentados a dizer que "sim", porém, mais fundamentalmente, eles permanecem separados do campo social de seu trabalho, do "intelecto geral", porque este último é mediado pelo capital privado.

E o mesmo se aplica aos recursos naturais: hoje, a exploração de recursos naturais é uma das maiores fontes de renda, marcada por uma luta permanente para ver quem ficará com essa renda, se os povos do Terceiro Mundo ou as grandes empresas ocidentais. A suprema ironia é que, para explicar a diferença entre força de trabalho (que, quando colocada para trabalhar, produz mais-valia acima e além de seu próprio valor) e outras mercadorias (cujo valor se consome no uso e que, portanto, não envolvem exploração), Marx cita como exemplo de mercadoria "comum" o *petróleo*, a mesma mercadoria que é hoje fonte de "lucros" extraordinários. Aqui também não faz sentido vincular a ascensão e queda do preço do petróleo à ascensão e queda dos custos de produção ou ao preço da mão de obra explorada – os custos de produção são desprezíveis; o preço que pagamos pelo petróleo é uma renda que fornecemos aos proprietários e controladores desse recurso natural por sua escassez e oferta limitada.

É como se os três componentes do processo de produção – planejamento e marketing intelectual, produção material, fornecimento de recursos materiais – se autonomizassem cada vez mais e surgissem como esferas separadas. Como consequência social, essa separação aparece nas sociedades desenvolvidas como as "três classes principais", mesmo *não* sendo classes, mas frações da classe trabalhadora: os trabalhadores intelectuais, a velha classe trabalhadora braçal e os excluídos (os desempregados, os que moram em favelas e em outros interstícios do espaço público). A classe trabalhadora divide-se assim em três frações, cada qual com seu "estilo de vida" e ideologia: o hedonismo esclarecido e o multiculturalismo cultural da classe intelectual; o fundamentalismo populista da velha classe trabalhadora; formas mais extremas e singulares da fração dos excluídos. Em hegelês, essa tríade é claramente a tríade formada por universal (trabalhadores intelectuais), particular (trabalhadores braçais) e singular (excluídos). O resultado desse processo é a desintegração gradual da vida social propriamente dita, do espaço público em que as três frações podem se encontrar, e o complemento dessa perda é a política de "identidade" em todas as suas formas. A política de identidade adquire uma forma específica em cada fração: política de identidade multicultural na classe intelectual; fundamentalismo populista regressivo na classe trabalhadora; agrupamentos semi-ilegais (grupos criminosos, seitas religiosas etc.) na classe dos excluídos. O que todas têm em comum é o recurso a uma identidade particular como substituta do espaço público universal faltante.

O proletariado, portanto, é dividido em três frações, e cada fração é jogada contra as outras: os trabalhadores intelectuais têm preconceitos culturais contra os trabalhadores braçais; os trabalhadores braçais exibem ódio populista contra os intelectuais e os excluídos; e os excluídos antagonizam a sociedade como tal. O velho grito "Proletários, uni-vos!" é assim mais pertinente do que nunca: nas novas condições do capitalismo "pós-industrial", a unidade das três frações da classe trabalhadora já *é* sua vitória. Essa unidade, no entanto, não será garantida por uma figura do "grande Outro" que a prescreva como "tendência objetiva" do próprio processo histórico; a situação é absolutamente aberta e divide-se entre as duas versões de hegelianismo.

"Nós somos aqueles por quem estávamos esperando"

O futuro será hegeliano – e de forma muito mais radical do que pensa Fukuyama. A única alternativa verdadeira que nos espera, aquela entre socialismo e comunismo, é a alternativa entre os dois Hegels. Já observamos que a visão "conservadora" de Hegel aponta estranhamente para o "capitalismo de valores asiáticos": uma sociedade civil capitalista, organizada em propriedades e contida por um Estado autoritário forte, com "servidores públicos" administrativos e valores tradicionais. (O Japão contemporâneo chega perto desse modelo.) A opção é entre esse Hegel e o Hegel do Haiti. É como se a cisão entre velhos hegelianos e jovens hegelianos fosse reencenada.

Mas quais são as chances da esquerda hegeliana hoje? Podemos contar somente com explosões utópicas momentâneas, como a Comuna de Paris, Canudos no Brasil ou a Comuna de Xangai, que se dissolvem por causa de uma supressão externa violenta ou por fraquezas internas, condenadas a não passar de desvios breves da trajetória principal da História? Então, o comunismo está condenado a permanecer como Ideia utópica de outro mundo possível, uma Ideia cuja concretização termina necessariamente em fracasso ou terror autodestrutivo? Ou devemos permanecer heroicamente fiéis ao projeto benjaminiano de revolução final, que redimirá pela repetição todas as derrotas passadas, um dia de ajuste de contas total? Ou, de modo mais radical, devemos mudar totalmente o campo e reconhecer que as alternativas recém-propostas são apenas os dois lados da mesma moeda, isto é, da noção redentora e teleológica da história?

Talvez a solução resida num apocaliptismo escatológico que *não* envolva a fantasia do Juízo Final simbólico, em que todas as contas passadas seriam resgatadas; em referência a outra metáfora de Benjamin, a tarefa é "meramente" parar o trem da história, que, abandonado ao próprio curso, conduz ao precipício. (O comunismo não é então a luz no fim do túnel, isto é, o final feliz depois de uma luta longa e árdua; a luz no fim do túnel é, no máximo, outro trem que se aproxima a toda velocidade.) Hoje, o ato político propriamente dito seria isto: não tanto o início de um novo movimento, mas a *interrupção* do atual movimento predominante. Assim, um ato de "violência divina" seria acionar o freio de emergência do trem do progresso histórico. Em outras palavras, é preciso aprender a aceitar inteiramente que o grande Outro não existe – ou, como explica Badiou sucintamente:

> [...] a definição mais simples de Deus e de religião reside na ideia de que a verdade e o significado são a mesma coisa. A morte de Deus é o fim da ideia que postula a verdade e o significado como a mesma coisa. E eu acrescentaria que a morte do comunismo também implica a separação entre significado e verdade, no que diz respeito à história. "O significado da história" tem dois significados: de um lado, "orientação", a história vai a algum lugar; de outro, a história tem um significado que é a história da emancipação humana por meio do proletariado etc. De fato, toda a era do comunismo foi um período em que existia a convicção de que seria possível tomar decisões políticas justas; fomos, naquele momento, impelidos pelo significado da história. [...] Então, a morte do comunismo torna-se a segunda morte de Deus, mas no terreno da história.[52]

Portanto, deveríamos abandonar impiedosamente o preconceito de que o tempo linear da evolução está "do nosso lado", de que a História "trabalha para nós", como a famosa toupeira que cava sob a terra, fazendo o trabalho das Artimanhas da Razão. Deveríamos então conceber a história como processo aberto que nos apresenta uma escolha? Dentro dessa lógica, a história determina apenas as alternativas com que nos defrontamos, os termos da escolha, mas não a própria escolha. A cada momento, há múltiplas possibilidades à espera de se realizar; assim que uma se concretiza, as outras são canceladas. O caso supremo desse agente do tempo histórico é o Deus leibniziano, que criou o melhor mundo possível: antes da criação, ele tinha em mente toda a gama de mundos possíveis, e sua decisão consistiu em escolher a melhor dentre essas opções. Aqui, a possibilidade precede a escolha: a escolha é entre possibilidades.

Entretanto, mesmo essa noção de história "aberta" é inadequada. O impensável nesse horizonte de evolução histórica linear é a noção de uma escolha ou ato que

---

[52] "A Conversation with Alain Badiou", *Lacanian Ink*, n. 23, 2004, p. 100-1.

dê origem, retroativamente, à própria possibilidade: a ideia de que o surgimento do Novo radical mudará retroativamente o passado – não o passado real, é claro (não estamos na ficção científica), mas as possibilidades passadas (ou, para usar termos mais formais, o valor das proposições modais sobre o passado). Em outro texto*, já me referi à afirmação de Jean-Pierre Dupuy de que, se queremos enfrentar de modo adequado a ameaça de catástrofe (social ou ambiental), precisamos romper com essa noção "histórica" de temporalidade: temos de criar uma nova noção do tempo. Dupuy chama esse tempo de "tempo de um projeto", um circuito fechado entre o passado e o futuro: o futuro é produzido de forma causal por nossos atos do passado, enquanto o modo como agimos é determinado pela previsão do futuro e por nossa reação a ela.

> Com certeza, o evento catastrófico está inscrito no futuro como um destino, mas também como um acidente contingente: não poderia ter ocorrido, mesmo que, no *futur antérieur*, surgisse como necessidade [...] se um evento extraordinário ocorre, por exemplo, uma catástrofe, ele não poderia não ter ocorrido; ainda assim, na medida em que não ocorreu, não é inevitável. Portanto, é a realização do evento – o fato de que ocorre – que cria retroativamente sua necessidade.[53]

Se, por acaso, ocorre, o evento cria a cadeia precedente que faz com que pareça inevitável: *isso*, e não os lugares-comuns sobre como a necessidade subjacente se exprime no e através do jogo acidental das aparências, é que é, em resumo, a dialética hegeliana da contingência e da necessidade. Nesse sentido, embora sejamos determinados pelo destino, ainda assim somos *livres para escolher nosso destino*. De acordo com Dupuy, é assim também que devemos abordar a crise ambiental: não para avaliar de forma "realista" as possibilidades de catástrofe, mas para aceitá-la como Destino no exato sentido hegeliano – se a catástrofe acontecer, podemos dizer que seu acontecimento foi decidido antes mesmo que acontecesse. Destino e ação livre (para impedir o "se") andam de mãos dadas: a liberdade, em seu aspecto mais radical, é a liberdade de mudar o próprio Destino.

É assim, portanto, que Dupuy propõe que enfrentemos o desastre: devemos primeiro percebê-lo como nosso destino, como inevitável; em seguida, projetando-nos nele, adotando seu ponto de vista, devemos nos inserir retroativamente em suas possibilidades contrafactuais passadas (o passado do futuro: "Se tivéssemos feito isso ou aquilo, a catástrofe que estamos vivendo agora não teria acontecido!") sobre as quais, então, agimos hoje. Temos de aceitar que, no nível da possibilidade, nosso futuro está condenado, que a catástrofe ocorrerá, que ela é nosso destino, e então, contra o pano de fundo dessa aceitação, mobilizar-nos para realizar o ato que mudará o próprio

---
*   *Em defesa das causas perdidas*, cit., p. 317. (N. E.)
[53]   Jean-Pierre Dupuy, *Petite métaphysique des tsunamis* (Paris, Seuil, 2005), p. 19.

destino e, com isso, inserirá uma nova possibilidade no passado. Paradoxalmente, a única maneira de evitar o desastre é aceitar que ele é inevitável. Também para Badiou, o tempo da fidelidade ao evento é o *futur antérieur*: adiantando-nos em relação ao futuro, agimos agora como se o futuro que queremos provocar já estivesse aqui.

Isso significa que devemos reabilitar sem medo a ideia de ação preventiva (o "golpe preventivo") da qual tanto se abusou na "guerra ao terror": se adiarmos a ação até termos conhecimento total da catástrofe, só adquiriremos esse conhecimento quando for tarde demais. Ou seja, a certeza em que se baseia o ato não é uma questão de conhecimento, mas de *crença*: o verdadeiro ato nunca é uma intervenção estratégica numa situação transparente da qual temos conhecimento total; ao contrário, o verdadeiro ato preenche a lacuna de nosso conhecimento. É claro que essa ideia solapa as próprias fundações do "socialismo científico", a noção de um processo emancipatório guiado pelo conhecimento científico. Recentemente, Badiou sugeriu que está na hora de revogar o desterro dos poetas da cidade de Platão e encenar a reconciliação entre poesia e pensamento. Mas talvez, dado o apoio recente de vários poetas à "limpeza étnica" (vide Radovan Karadžić), devamos manter, e até reforçar, o receio de Platão à poesia e defender outro rompimento com Platão, a saber, abandonar a noção de reis filósofos. Devemos fazer isso não por causa da advertência liberal padronizada contra os Líderes "totalitários", que sabem mais que o povo o que é melhor para ele, mas por uma razão mais formal: a referência ao grande Outro deixa o Líder na posição de "sujeito suposto saber", um sujeito cuja atividade se baseia no conhecimento total (das "leis da história" etc.); desse modo, abrimos caminho para a loucura, por exemplo, de celebrar Stalin como grande linguista, economista, filósofo etc. No momento em que o "grande Outro" cai, o Líder não pode mais reivindicar uma relação privilegiada com o Conhecimento, e ele se torna um idiota como todo mundo.

Talvez seja esta a lição que temos de aprender com os traumas do século XX: manter o Conhecimento e a função do Mestre o mais separados possível. Aqui, nem a noção liberal de eleição dos mais "qualificados" para liderar é suficiente. Temos de ir até o fim e defender a ideia básica da antiga democracia: a escolha por sorteio é a única verdadeiramente democrática. É por isso que a proposta de Kojin Karatani (combinar eleições com loteria para determinar quem governa) é mais tradicional do que parece à primeira vista (ele mesmo menciona a Grécia Antiga). Paradoxalmente, ela cumpre a mesma função que a teoria da monarquia de Hegel. Aqui, Karatani assume o risco heroico de propor uma definição da diferença entre ditadura da burguesia e ditadura do proletariado que soa um tanto maluca: "Se o sufrágio universal por voto secreto, a saber, a democracia parlamentar, é a ditadura da burguesia, a introdução da loteria deveria ser considerada a ditadura do proletariado"[54].

---

[54] Kojin Karatani, *Transcritique: on Kant and Marx* (Cambridge, MIT Press, 2003), p. 183.

Então, com que podemos contar? Na década de 1950, os intelectuais que eram companheiros na jornada comunista obedeciam a dois axiomas: um explícito e outro implícito. O primeiro é mais conhecido por sua formulação sartriana: "O anticomunista é um cachorro"; o segundo é que o intelectual não deveria nunca, sob hipótese alguma, filiar-se ao Partido Comunista. Jean-Claude Milner chama essa atitude de "zenáonismo"[55], referindo-se ao paradoxo de Zenão sobre Aquiles e a tartaruga: o companheiro de jornada é Aquiles, e a tartaruga é o Partido Comunista, porque o companheiro é dinâmico, rápido, capaz de ultrapassar o Partido e, ainda assim, sempre fica para trás, nunca o alcança. Com os eventos de 1968, esse jogo acabou: 68 ocorreu sob o signo do "aqui e agora", seus protagonistas queriam a revolução *agora*, sem adiamentos – ou se entrava para o Partido ou se opunha a ele (como fizeram os maoístas). Em outras palavras, a geração de 68 queria desencadear a atividade radical pura das massas (nesse sentido, as "massas que fazem a história" dos maoístas se opunham às passivas "multidões" fascistas) – não existe Outro ou Outro Lugar para o qual se possa transferir essa atividade. Hoje, contudo, ser companheiro de jornada não faz sentido de fato, porque não existe um movimento substancial em relação ao qual se possa ser companheiro, não existe tartaruga que nos convide a agir como Aquiles.

Um dos tópicos de 1968 que deveríamos abandonar é essa oposição enganosa entre atividade e passividade: a ideia de que, de certo modo, a única postura política verdadeiramente "autêntica" é a de engajamento ativo permanente, de que a forma primordial de "alienação" é a postura passiva que transfere a atividade para o agente que supostamente me representa. O que se esconde por trás dessa ideia é o velho fascínio da esquerda pela democracia participativa "direta" ("soviéties", conselhos), em oposição à mera "representação"; na filosofia, Sartre analisou em sua *Crítica da razão dialética** como o engajamento ativo no grupo se petrifica na estrutura institucional *prático--inerte*. O teste principal de todo movimento emancipatório radical é, ao contrário, até que ponto ele transforma, no cotidiano, as práticas institucionais *prático-inertes* que passam a dominar quando acaba o fervor da luta e voltamos à vida normal. O sucesso de uma revolução não pode ser medido pelo terror sublime de seus momentos de êxtase, mas sim pelas mudanças que o grande Evento deixa no nível do cotidiano, do dia seguinte à insurreição.

Só há uma resposta correta para aqueles intelectuais esquerdistas que aguardam desesperados a chegada de um novo agente revolucionário capaz de instigar a tão esperada transformação social radical. Tem a forma do antigo ditado hopi**, com uma maravilhosa virada hegeliana que leva da substância para o sujeito: "Nós somos aqueles

---

[55] Ver Jean-Claude Milner, *L'arrogance du présent: regards sur une décennie, 1965–1975* (Paris, Grasset, 2009).
* Rio de Janeiro, DP&A, 2002. (N. E.)
** Povo nativo do sudoeste dos Estados Unidos. (N. E.)

por quem estávamos esperando". (É outra versão do lema de Gandhi: "Seja você a mudança que deseja ver no mundo".) Esperar que alguém faça o serviço por nós é um modo de racionalizar nossa inatividade. Mas a armadilha que devemos evitar aqui é a da autoinstrumentalização perversa: "nós somos aqueles por quem estávamos esperando" não significa que tenhamos de descobrir que somos o agente predestinado pela sorte (necessidade histórica) para realizar a tarefa, mas o oposto, isto é, que não há grande Outro em que nos basear. Ao contrário do marxismo clássico, no qual "a história está do nosso lado" (o proletariado cumpre a tarefa predestinada de emancipação universal), na constelação contemporânea o grande Outro está *contra* nós: deixado por conta própria, o impulso interior de nosso desenvolvimento histórico leva à catástrofe, ao apocalipse; portanto, só o que pode impedir tal calamidade é o *voluntarismo puro*, em outras palavras, nossa decisão livre de agir contra a necessidade histórica. De certa maneira, os bolcheviques se viram em situação semelhante em 1921, no fim da guerra civil: dois anos antes de morrer, quando já era claro que não havia revolução iminente na Europa e a ideia de construir o socialismo num só país não fazia sentido, Lenin escreveu: "E se a completa desesperança da situação, estimulando dez vezes mais o esforço dos operários e dos camponeses, nos oferecesse a oportunidade de criar os requisitos fundamentais da civilização de uma maneira diferente daquela dos países da Europa ocidental?"[56].

Essa não é a dificuldade do governo de Morales na Bolívia, do ex-governo de Aristide no Haiti e do governo maoista do Nepal? Eles chegaram ao poder por meio de eleições democráticas "justas", não pela insurreição, mas uma vez no poder exerceram-no de um modo que era (pelo menos em parte) "não estatal": mobilizaram diretamente a base de apoio e passaram por cima da rede representativa do Estado--partido. A situação é "objetivamente" desesperançada: a tendência da história está basicamente contra eles, e eles não podem confiar em "tendências objetivas", tudo que podem fazer é improvisar, fazer o que for possível numa situação desesperadora. Mas isso não lhes dá uma liberdade única? Ficamos tentados a aplicar aqui a velha distinção entre "livre de" e "livre para": o fato de estarem livres da História (com suas leis e tendências objetivas) não sustenta o estarem livres para a experimentação criativa? Em sua atividade, eles só podem se basear na vontade coletiva de seus partidários.

Podemos contar com aliados inesperados nessa luta. Vale a pena citar aqui o destino de Victor Kravchenko, o diplomata soviético que, em 1944, desertou quando estava em Nova York e depois escreveu suas memórias no famoso *best-seller Escolhi a liberdade*[57]*. O livro foi o primeiro relato substancial em primeira pessoa dos horrores do stalinismo, a começar pela descrição detalhada da coletivização forçada e da fome em massa na Ucrânia, onde o próprio Kravchenko, que no início da década de 1930

---

[56] V. I. Lenin, *Collected Works* (Moscou, Progress Publishers, 1966), v. 33, p. 479.
[57] Ver o excelente documentário de Mark Jonathan Harris sobre Kravchenko, *The Defector* (2008).
* Rio de Janeiro, A Noite, 1948. (N. E.)

ainda acreditava no sistema, participou da execução da coletivização. A história mais conhecida a seu respeito termina em 1949, quando derrotou seus detratores soviéticos num julgamento importante em Paris, no qual chegaram a apresentar sua ex-mulher como testemunha de sua corrupção, de seu alcoolismo e de seu histórico de violência doméstica. O que se conhece menos é que, logo depois dessa vitória, quando ainda era saudado no mundo inteiro como o herói da Guerra Fria, Kravchenko se inquietou profundamente com a caça às bruxas macarthista e advertiu que, usando tais métodos para combater o stalinismo, os Estados Unidos corriam o risco de ficar mais parecidos com seu oponente. Também tomou mais consciência das injustiças das democracias liberais, e seu desejo de ver mudanças na sociedade ocidental virou quase uma obsessão. Depois de escrever uma continuação bem menos popular de *Escolhi a liberdade*, significativamente intitulada *Escolhi a justiça*, Kravchenko iniciou uma cruzada para encontrar um novo modo – menos explorador – de organizar a produção. Isso o levou à Bolívia, onde investiu seu dinheiro na organização dos agricultores pobres em novos coletivos. Arrasado com o fracasso de sua iniciativa, isolou-se e acabou suicidando-se em sua casa, em Nova York. O suicídio foi consequência do desespero, não de chantagens da KGB – prova de que suas denúncias contra a União Soviética haviam sido um ato genuíno de protesto contra a injustiça.

Hoje, surgem novos Kravchenkos por toda parte, dos Estados Unidos à Índia, à China e ao Japão, da América Latina à África, do Oriente Médio à Europa ocidental e oriental. São discrepantes e falam línguas diferentes, mas não são tão poucos quanto se imagina – e o maior temor dos governantes é que essas vozes comecem a ecoar e a angariar solidariedade. Cientes de que as chances nos empurram para a catástrofe, esses atores estão dispostos a agir contra elas. Desapontados com o comunismo do século XX, estão dispostos a "começar do princípio" e reinventá-lo sobre novas bases. Considerados utopistas perigosos pelos inimigos, foram os únicos que despertaram realmente do sonho utópico que mantém a maioria de nós sob seu domínio. Eles, e não os saudosos do "socialismo real" do século XX, são nossa única esperança.

O fato de que Deleuze, pouco antes de morrer, estivesse escrevendo um livro sobre Marx denota uma tendência mais ampla. No passado cristão, era comum as pessoas que haviam levado uma vida dissoluta voltarem para a segurança da Igreja na velhice e, assim, morrer reconciliadas com Deus. Acontece algo semelhante, hoje, com muitos esquerdistas anticomunistas. No fim de seus dias, voltam para o comunismo como se, depois de uma vida de traição pervertida, quisessem morrer reconciliados com a Ideia comunista. Assim como com os antigos cristãos, essas conversões tardias carregam a mesma mensagem básica: passamos a vida nos rebelando em vão contra o que, no fundo, sabíamos o tempo todo que era verdade. Assim, se até um grande anticomunista como Kravchenko pode em certo sentido voltar à sua fé, nossa mensagem, hoje, deveria ser: "Não tema, junte-se a nós, volte! Você se divertiu com o anticomunismo e está perdoado por isso – está na hora de levar a vida a sério outra vez!"

Índice onomástico

Adorno, Theodor, 19, 62
Agamben, Giorgio, 49
Ahmadinejad, Mahmoud, 106, 107
Akerlof, George Arthur, 32
Al-Masudi, Abul-Hassan Ali Ibn Al-Hussain, 105
Al-Tabari, Muhammad ibn Jarir, 105
Altizer, Thomas, 68
Aquiles, 128
Aristide, Jean-Bertrand, 129
Aue, Maximilian, 43
Ayres, Ed, 84
Aznar, José Maria, 32

Baader, Andreas, 47
Badiou, Alain, 11, 33-35, 42, 67, 70, 72, 73, 80, 89, 90, 99, 108-110, 112, 115, 116, 125, 127
Barak, Ehud, 96
Bayoudh, Abdelkarim, 50
Beckett, Samuel, 79, 108
Beethoven, Ludwig van, 43
Benjamin, Walter, 17, 60, 68, 70, 125
Bento XVI, 35.
Berlusconi, Silvio, 11, 50-52, 106, 107, 117
Bernanke, Ben, 23, 35
Bernstein, Albert J., 48
Bertolucci, Bernardo, 58
Blair, Tony, 116
Bohr, Niels, 52

Boltanski, Luc, 52
Bonaparte, Napoleão, 98, 108
Bookman, John, 105
Brasillach, Robert, 50
Brodsky, Joseph, 74
Brownell, Ginanne, 17, 18
Bruckner, Pascal, 99, 100, 102
Buck-Morss, Susan, 97-99, 104
Buiter, Willem H., 38
Bunning, Jim, 23
Burkeman, Oliver, 37
Bush, George W., 15, 22, 68, 74, 94-96
Butler, Judith, 30

Campbell, John, 37
Caputo, John, 72
Carmichael, Stokely, 104
César, Júlio, 93
Chaplin, Charlie, 50
Chávez, Hugo, 91
Chiapello, Eve, 52
Chomsky, Noam, 114
Clinton, Bill, 73, 75, 77
Cohen, Daniel, 121
Colletti, Lucio, 16
Croce, Benedetto, 19,

De Gaulle, Charles, 96, 117
Deleuze, Gilles, 130
Dennett, Daniel, 56

Dostoiévski, Fiódor Mikhailovich, 100
Duclos, Jacques, 116
Dupuy, Jean-Pierre, 126

Engels, Friedrich, 32, 115
Ensslin, Gudrun, 47
Epstein, Robert, 11
Ésquilo, 16

Fallaci, Oriana, 51
Fanon, Frantz, 102
Feldman, Avigdor, 45
Fellini, Federico 91
Fernbach, David, 15, 101
Foucault, Michel, 60, 89, 90
Frank, Thomas, 38, 39
Friedman, Milton, 34
Fukuyama, Francis, 17, 18, 69, 80, 124

Galt, John, 37, 120
Gandel, Stephen, 41
Gandhi, Mahatma, 89, 129
Ganz, Bruno, 47
Gates, Bill, 9, 56, 88, 123
Glass, Lillian, 47, 48
Glover, Michael, 57
Gorbachev, Mikhail Sergeyevich, 72, 96
Gramsci, Antonio, 13, 14, 89
Gray, John, 22, 61
Greenspan, Alan, 35-37
Grossman, David, 45
Guevara, Ernesto Che, 56, 57

Hallward, Peter, 89, 105
Hardt, Michael, 56, 59, 82, 86, 119, 120
Harris, Mark Jonathan, 129
Harris-Lacewell, Melissa, 42
Harrison, Edward, 23
Hegel, Georg Wilhelm Friedrich, 15, 16, 18, 19, 86, 97, 98, 104, 110, 124, 127
Heidegger, Martin, 62
Hertz, Heinrich Rudolf, 50
Heydrich, Reinhard, 43
Hitler, Adolph, 27, 43, 50, 66, 68
Hobsbawm, Eric, 86
Horkheimer, Max, 71
Hutton, Will, 28

Jameson, Frederic, 30
Jelinek, Elfriede, 44
Jobs, Steven Paul, 9
Jong-Il, Kim, 46

Kant, Immanuel, 8, 27, 47, 57, 92-94, 97, 107, 110, 127
Kaplan, Alice, 50
Karadžić, Radovan, 127
Karatani, Kojin, 127
Karroubi, Mehdi, 106
Ke, Jia Zhang, 114
Keynes, John Maynard, 21, 22
Khiari, Sadri, 103
Khoday, Kishan, 83
Khomeini, Sayyid Ruhollah Musavi, 106, 107
Kierkegaard, Søren Aabye, 16
King, Martin Luther, 42, 95
Kissinger, Henry, 72, 95
Klein, Naomi, 28, 113
Kravchenko, Victor, 129, 130
Krugman, Paul, 21
Kurzweil, Ray, 85

Lacan, Jacques, 13, 20, 35, 60-62, 90
Laclau, Ernesto, 30
Lanzmann, Claude, 45, 46
Lefort, Claude, 64
Lenin, Vladimir Ilyich, 57, 79, 81, 110, 112, 129
Levi, Primo, 43
Lévy, Bernard-Henri, 69
Levy, Gideon, 96
Libet, Benjamin, 60
Lippmann, Walter, 114
Littell, Jonathan, 43, 44
Lubitsch, Ernst, 24
Luciano, 16
Lula da Silva, Luís Inácio, 18
Lyotard, Jean-François, 53

Madoff, Bernard, 40, 41
Malabou, Catherine, 55, 56
Marcuse, Herbert, 18, 121
Marx, Karl, 15, 16, 18, 30, 32, 52, 63, 80, 83, 84, 86, 89, 90, 101, 102, 107, 108, 112, 114, 115, 117, 118, 120, 122, 123, 127, 130

Maslin, Janet, 46
Massumi, Brian, 108
McCain, John, 74
Meacham, Jon, 86
Meinhof, Ulrike, 47
Menem, Carlos, 51
Menuhin, Yehudi, 50
Millay, Todd, 17
Miller, Jacques-Alain, 35, 37, 38, 60
Milner, Jean-Claude, 58, 59, 128
Moore, Michael, 23, 37
Moore, Stephen, 37
Morales, Evo, 86, 87, 129
Moussavi, Allahu Akbar Mir Hussein, 106
Muhammad, Ali ibn, 105
Murdoch, Rupert, 9, 88

Negri, Antonio, 56, 59, 82, 85, 86, 91, 92, 118-120, 122
Nixon, Richard, 51, 96

Obama, Barack, 37, 38, 67, 68, 74, 94-97, 106
Olson, Elizabeth, 36
Orwell, George, 8
Oz, Amos, 45

Padura, Leonardo, 61
Pareto, Vilfredo, 91
Paulo, Apóstolo, 8, 47, 92
Paulson, Henry, 22, 35
Perlez, Jane, 68
Pétain, Henri Philippe, 27, 117
Platão, 35, 102, 108, 114, 116, 127
Popham, Peter, 49
Postone, Moishe, 70
Power, Nina, 118
Proust, Marcel, 50
Putin, Vladimir, 117

Radziszewska, Elzbieta, 57
Rancière, Jacques, 64, 89
Rand, Ayn, 37, 120, 121
Reagan, Ronald, 35, 51
Rimbaud, Arthur, 87
Rorty, Richard, 92, 93
Roszkowski, Wojciech, 57

Sala-Molins, Louis, 98

Sarkozy, Nicolas, 80, 86, 116
Sartre, Jean-Paul, 128
Seeger, Pete, 38
Shah, Pir Zubair, 68
Sharon, Ariel, 46
Shyamalan, M. Night, 46
Sitkoff, Harvard, 42
Sloterdijk, Peter, 112
Sorman, Guy, 25, 31-34, 39
Spice, Nicholas, 44
Stalin, Joseph, 14, 73, 86, 108, 127
Stern, Nicholas, 83
Stiglitz, Joseph, 21, 22
Stolypin, Pyotr Arkadyevich 81
Stone, Oliver, 51

Taguieff, Pierre-André, 69
Talib, Ali ibn Abu, 105
Taylor, Henry Louis, 42
Thatcher, Margaret, 101
Thomas, Evan, 86
Toscano, Alberto, 109
Trotsky, Leon, 113, 115
Trouillot, Michel-Rolph, 98
Tsé-Tung, Mao, 70

Unamuno, Miguel de, 20

Vattimo, Gianni, 72
Veblen, Thorstein, 53
Vencat, Emily Flynn, 17, 18
Vercellone, Carlo, 122
Vergès, Jacques, 66
Verhoeven, Paul, 53

Walt, Vivienne, 75
Wangchuck, Jigme Khesar Namgyel, 55
Waxman, Henry A., 36

Xiaoping, Deng, 108, 112

Yew, Lee Quan, 112

Zenão, 128
Žižek, Slavoj, 72
Zupančič, Alenka, 13

Este livro foi composto em Adobe Garamond Pro, 11/13,2, e reimpresso em papel Avena 80g/m² pela gráfica Forma Certa para a Boitempo, em fevereiro de 2025, com tiragem de 200 exemplares.